HR im Biotech-Start-up

Maike July

HR im Biotech-Start-up

Führung und Innovationskultur zwischen Agilität, Resilienz und Digitalisierung

Maike July
Woman Way Up Coaching
Monheim am Rhein, Deutschland

ISBN 978-3-662-72341-8   ISBN 978-3-662-72342-5 (eBook)
https://doi.org/10.1007/978-3-662-72342-5

Die Deutsche Nationalbibliothek verzeichnet diese Publikation in der Deutschen Nationalbibliografie; detaillierte bibliografische Daten sind im Internet über https://portal.dnb.de abrufbar.

© Der/die Herausgeber bzw. der/die Autor(en), exklusiv lizenziert an Springer-Verlag GmbH, DE, ein Teil von Springer Nature 2025

Das Werk einschließlich aller seiner Teile ist urheberrechtlich geschützt. Jede Verwertung, die nicht ausdrücklich vom Urheberrechtsgesetz zugelassen ist, bedarf der vorherigen Zustimmung des Verlags. Das gilt insbesondere für Vervielfältigungen, Bearbeitungen, Übersetzungen, Mikroverfilmungen und die Einspeicherung und Verarbeitung in elektronischen Systemen.
Die Wiedergabe von allgemein beschreibenden Bezeichnungen, Marken, Unternehmensnamen etc. in diesem Werk bedeutet nicht, dass diese frei durch jede Person benutzt werden dürfen. Die Berechtigung zur Benutzung unterliegt, auch ohne gesonderten Hinweis hierzu, den Regeln des Markenrechts. Die Rechte des/der jeweiligen Zeicheninhaber*in sind zu beachten.
Der Verlag, die Autor*innen und die Herausgeber*innen gehen davon aus, dass die Angaben und Informationen in diesem Werk zum Zeitpunkt der Veröffentlichung vollständig und korrekt sind. Weder der Verlag noch die Autor*innen oder die Herausgeber*innen übernehmen, ausdrücklich oder implizit, Gewähr für den Inhalt des Werkes, etwaige Fehler oder Äußerungen. Der Verlag bleibt im Hinblick auf geografische Zuordnungen und Gebietsbezeichnungen in veröffentlichten Karten und Institutionsadressen neutral.

Springer Gabler ist ein Imprint der eingetragenen Gesellschaft Springer-Verlag GmbH, DE und ist ein Teil von Springer Nature.
Die Anschrift der Gesellschaft ist: Heidelberger Platz 3, 14197 Berlin, Germany

Wenn Sie dieses Produkt entsorgen, geben Sie das Papier bitte zum Recycling.

Geleitwort

Die Biotechnologie-Branche steht in Deutschland wie kaum ein anderer Sektor für unternehmerische Innovationskraft, Dynamik und gesellschaftliche Relevanz. Kaum eine andere Branche wächst schneller und ist dabei so stark von wissenschaftlichem Fortschritt, regulatorischer Komplexität und internationalem Wettbewerb geprägt.

Insbesondere Biotech-Start-ups arbeiten an der Schnittstelle von radikaler Innovation und menschlicher Verantwortung. Hier verdichten sich wissenschaftlicher Fortschritt, unternehmerischer Mut und gesellschaftlicher Impact zu einer einzigartigen Mission: Grenzen verschieben, Leben verbessern und gesellschaftliche Zukunft aktiv gestalten.

Die für diese Branche typischen Wachstumsschübe erfordern flexible Strukturen, skalierbare Prozesse und die Fähigkeit, neue Mitarbeitende schnell zu integrieren, ohne dabei die Kultur zu verlieren. In Deutschland gibt es schon heute einen erheblichen Mangel an qualifizierten Fachkräften in diesem Bereich – der Wettbewerb um Talente ist längst international – und zwingt deutsche Biotech Unternehmen, nicht nur lokal, sondern global zu denken und zu rekrutieren. Der Pioniergeist in diesem Sektor lebt nicht von Algorithmen oder Laborprotokollen allein. Er braucht Menschen, die mit Leidenschaft Brücken zwischen Forschung und Anwendung bauen – und ein HR-Umfeld, das diese Menschen gewinnt, befähigt, inspiriert und zu effektiven Teams integriert.

In dieser dynamischen Welt liegt genau die besondere Herausforderung und Chance für HR. Biotech-Start-ups operieren in einem permanenten Spannungsfeld: Zwischen wissenschaftlicher Präzision und unternehmerischer Agilität, zwischen disruptiver Geschwindigkeit und regulatorischer Komplexität, zwischen begrenzten Ressourcen und grenzenlosen Ambitionen. Traditionelle Personalarbeit stößt da schnell an Grenzen. Denn was diese Unternehmen brauchen, ist kein Administrator von Prozessen, sondern ein Architekt von Ökosystemen: Einen Enabler, der Räume schafft, in denen unterschiedlichste Kompetenzen und Fähigkeiten von Molekularbiolog:innen über Data Scientists, Forscher:innen und Business-Entwickler:innen nicht nur koexistieren, sondern gemeinsam neues denken und erschaffen.

Die Anforderungen an die HR-Funktion im Biotech-Sektor sind in diesem Kontext einzigartig. HR-Arbeit geht weit über die klassischen Aufgaben des Employee Life Cycles (Personalgewinnung, -entwicklung und -bindung) hinaus. Sie erfordert die Fähigkeit, Talente aus unterschiedlichen Disziplinen und Kulturen zu finden, zu integrieren und den Aufbau agiler Strukturen voranzutreiben. Diese müssen schnelles Wachstum und die flexible Anpassung an neue regulatorische oder wissenschaftliche Rahmenbedingungen ermöglichen. Es geht darum, eine Unternehmenskultur zu schaffen, die Innovation und Risikobereitschaft fördert, aber zugleich psychologische Sicherheit und Orientierung gibt. Die HR-Funktion hat gerade hier die Chance, sich als strategischer Partner zu positionieren, der neben der Prozesssteuerung Innovationen ermöglicht, aktiv die Entwicklung der Unternehmensorganisation gestaltet und nachhaltiges Wachstum fördert.

Gerade in jungen Biotech-Unternehmen prägt der Start-up-Charakter die Arbeit: flache Hierarchien, Hands-on-Mentalität, schnelle Entscheidungswege, ein hoher Grad an Eigenverantwortung und die Notwendigkeit, flexibel auf neue wissenschaftliche Erkenntnisse oder regulatorische Anforderungen zu reagieren.

Diese Agilität ist Chance und Herausforderung zugleich – für Führungskräfte, Teams und HR. Erfolgreiche HR-Arbeit in diesem Kontext bedeutet, im Chaos Strukturen zu schaffen, die Kreativität fördern und gleichzeitig Stabilität bieten. Es gilt, eine Kultur zu etablieren, die Scheitern als Teil des Innovationsprozesses versteht, lebenslanges Lernen fördert, in der Vielfalt als Innovationsmotor wirkt und Sinnstiftung den Kompass bildet.

Dabei ist die Orchestrierung interdisziplinärer Teams (vom Biochemiker:in bis zum Datenanalyst: in) eine der anspruchsvollsten Aufgaben. Wenn diese unterschiedlichen fachlichen Disziplinen effektiv zusammenarbeiten sollen, braucht es mehr als klassisches Change-Management – es erfordert ein tiefes Verständnis verschiedener Fachkulturen und die Fähigkeit, gemeinsame Terminologien für die Zusammenarbeit zu entwickeln. In diesem hochregulierten Umfeld muss HR gleichzeitig Compliance und Dokumentationspflichten sicherstellen und besonders für regulierte Bereiche den Aufbau von Qualitätsbewusstsein und Ethik als weiteren Kulturbestandteil sicherstellen.

Vor diesem Hintergrund erläutert Maike July in diesem Buch die besonderen Herausforderungen einer sehr anspruchsvollen Branche und bietet – auf Basis ihres großen Erfahrungshintergrunds – einen sehr praxisnahen Leitfaden für die Gestaltung moderner HR-Arbeit im Biotech-Sektor. Biotech-Start-ups leben von Geschwindigkeit, Kreativität und Mut zum Risiko. Gleichzeitig stehen sie unter enormem Erfolgsdruck: Fehlentscheidungen bei der Personalauswahl, mangelnde Führungskompetenz oder fehlende crossfunktionale Zusammenarbeit können das Wachstum ausbremsen oder sogar existenzbedrohend werden. Die Autorin beleuchtet in diesem Kontext wie moderne Talent Akquisition im internationalen Wettbewerb funktioniert und welche Bedeutung Employer Branding sowie eine starke Unternehmenskultur für die Attraktivität als Arbeitgeber haben. Zudem zeigt sie, wie skalierbare HR-Prozesse in der Wachstumsphase gestaltet werden können. Besonders wertvoll sind ihre praktischen Einblicke in die spezifischen Anforderungen von Start-ups: Wie gelingt es, in einem Umfeld permanenter Veränderung Orientierung und Halt zu geben und in stürmischen Zeiten eine Kultur des Vertrauens und der Resilienz zu etablieren? Welche Rolle spielen Führung, Kommunikation und Unternehmenskultur für den nachhaltigen Erfolg?

Dieses Werk richtet sich an alle, die HR im Biotech-Sektor aktiv gestalten wollen – als Impulsgeber, Sparringspartner und Treiber von Innovation. Es zeigt, wie HR-Organisationen zum Architekten und Brückenbauer zwischen Wissenschaft, Unternehmertum und nachhaltigem Wachstum werden und liefert konkrete Handlungsempfehlungen für die Praxis.

Der Biotech-Sektor ist ein Paradebeispiel für die Arbeitswelt der Zukunft: hochinnovativ, global, interdisziplinär und geprägt von Unsicherheit und Sinnorientierung. Am Ende entscheidet sich der Erfolg dieser Pionierunternehmen nicht nur an Börsenindizes, sondern daran, ob es gelingt, jene einzigartige Melange aus Leidenschaft für Wissenschaft, unternehmerischen Wagemut und menschlicher Verbundenheit zu kultivieren – Tag für Tag und in interdisziplinären Teams. Für Unternehmen und HR bedeutet das, traditionelle Strukturen zu hinterfragen, neue Kompetenzen zu entwickeln und eine Kultur zu entwickeln, die Innovation, Vielfalt und Resilienz fördert. Die erfahrene Autorin zeigt in diesem Buch, wie HR diese transformative Rolle einnehmen kann. Wer diese Herausforderungen aktiv gestaltet, wird nicht nur im Wettbewerb um die besten Fachkräfte bestehen, sondern auch einen nachhaltigen Beitrag zu Wissenschaft, Wirtschaft und Gesellschaft leisten. So wird aus dem Wettbewerb um Fachkräfte ein Wettbewerb um die besten Arbeitsplatzerlebnisse und die größte gesellschaftliche Wirkung. Die Zukunft der Biotechnologie wird nicht in Petrischalen, sondern in den Köpfen und Herzen ihrer Mitarbeitenden geschmiedet. Für HR-Professionals, die bereit sind, vom Prozessverwalter zum Architekten des „Human Operating Systems" von Biotech-Start-ups zu werden – in dem Mut, Leidenschaft und Empowerment die DNA des Unternehmens prägen – bietet dieses Buch unverzichtbare Einsichten. Es ist ein inspirierender Begleiter, der Orientierung gibt und Mut macht, neue Wege zu gehen.

Jörg Staff

Autor
Jörg Staff
Vorstand der deutschen Gesellschaft für Personalführung (DGFP), Autor, Speaker und Executive Advisor

Jörg Staff ist Vorstand der deutschen Gesellschaft für Personalführung (DGFP), Aufsichtsrat, renommierter Autor, Speaker und Executive Advisor. Seit über 20 Jahren ist er erfolgreich als Vorstand, Arbeitsdirektor und in Top Executive Positionen tätig; u. a. für SAP, Deutsche Post, Mercedes-Benz und Atruvia. Zahlreiche Auszeichnungen begleiten seinen beruflichen Werdegang; u. a. der Top 200 Biggest Voices Award in Leadership 2022, CHRO des Jahres 2021, Top 40 HR-Köpfe 2021/2022, Personalwirtschaftspreis Leadership & Kultur 2022, Diversity Award der Financial Times sowie viele weitere nationale und internationale Auszeichnungen für erfolgreiche Personalarbeit. Zuletzt veröffentliche er zusammen mit Prof. Michael Groß das Buch „KI-Revolution der Arbeitswelt. Perspektiven für Management, Organisation und HR."

Vorwort

„HR ist kein Support. HR ist Strategie. HR ist Kultur. HR ist der Herzschlag eines Unternehmens."

Als ich vor vielen Jahren in die Welt der Start-ups eingetaucht bin, war mir nicht klar, dass ich irgendwann mitten im Sturm stehen würde – nicht als Zuschauerin, sondern als Gestalterin. Prozesse, die nicht existieren. Rollen, die sich täglich wandeln. Teams, die wachsen, fusionieren oder sich neu erfinden. Und mittendrin: HR. Oft belächelt. Manchmal unterschätzt. Aber immer entscheidend.

Dieses Buch ist eine Einladung. Eine Einladung, mit mir durch Höhen und Tiefen des HR-Alltags in einem Biotech-Start-up zu gehen. Es ist kein Lehrbuch mit der perfekten Theorie – es ist ein Praxisbuch. Direkt aus dem Maschinenraum. Mit all den Herausforderungen, Fragen, Ideen, Fehlern, Erkenntnissen und Erfolgen, die HR heute ausmachen.

Ich habe dieses Buch für alle geschrieben, die Lust haben, HR mutig, agil und mit Haltung zu gestalten. Für Menschen, die HR nicht als Verwalter:in sehen, sondern als Möglichmacher:in. Für diejenigen, die Kultur nicht delegieren, sondern sie täglich leben, selbst, wenn der Terminkalender ‚brennt'. Für Menschen, die wissen: Es braucht nicht nur Prozesse, sondern Vertrauen. Nicht nur Tools, sondern Klarheit. Nicht nur Meetings, sondern echte Gespräche.

In den folgenden Kapiteln teile ich erprobte Strategien und persönliche Anekdoten. Ich zeige, wie wir Innovationskultur fördern können, auch wenn der Druck hoch ist. Wie Vertrauen in Führungsteams entstehen kann – ohne Kontrollwahn. Wie wir Talente nicht nur gewinnen, sondern binden – mit Haltung, Empathie und einem klaren Wertekompass. Ich beschreibe, wie HR zum Gestalter:in des digitalen Wandels wird, ohne die Menschlichkeit aus den Augen zu verlieren. Und ich gebe Impulse für Resilienz im Chaos, denn in der Welt von Start-ups ist Planbarkeit oft ein Mythos.

Ganz besonders wichtig war mir, dieses Buch nicht als Monolog zu verstehen. Es ist ein Gesprächsangebot. Zwischen Kolleginnen und Kollegen, zwischen Disziplinen, zwischen Erfahrungen und neuen Ideen. Es gibt praktische Tipps, Reflexionsfragen und Übungen. Denn HR-Arbeit beginnt nicht im Organigramm, sondern bei uns selbst: unserer Haltung, unserer Klarheit, unserer Fähigkeit zuzuhören und zu gestalten.

Mein Weg war und ist nicht immer gradlinig. Aber er ist reich an Menschen, die mich begleiten, inspirieren, herausfordern und stärken.

Deshalb möchte ich an dieser Stelle von Herzen Danke sagen:

Danke an meine Familie – dafür, dass ihr mir Rückhalt gebt, auch wenn mein Kopf mal wieder im nächsten HR-Konzept steckt oder ich gedanklich noch in der letzten Team-Retrospektive bin.

Danke an meine Freunde – für eure Geduld, euer ehrliches Feedback und eure erfrischenden Perspektiven jenseits der HR-Welt. Ihr erinnert mich daran, dass auch mal Nichtstun eine Disziplin ist.

Danke an meine Kolleginnen und Kollegen – frühere wie aktuelle – für euer Vertrauen, eure Offenheit und die vielen gemeinsamen Stunden zwischen Whiteboards, Krisengesprächen und Kaffeemaschinen.

Und danke an dich, liebe Leserin, lieber Leser, dass du dieses Buch in die Hand genommen hast. Ich hoffe, es inspiriert dich, gibt dir Impulse, macht Mut und erinnert dich daran, wie wertvoll deine Arbeit in HR wirklich ist.

In diesem Sinne: Willkommen. Mach's dir bequem.

Monheim am Rhein, Deutschland   Maike July

Interessenkonflikte

Der/die Autor*in hat keine für den Inhalt dieses Manuskripts relevanten Interessenkonflikte.

Inhaltsverzeichnis

1	**Warum ein Biotech-Start-up?**	1
	Literatur	16
2	**Agilität als Erfolgsfaktor in HR**	19
	Literatur	35
3	**Rekrutierung in der Wissenschaft**	37
	Literatur	50
4	**Führung im Start-up: Vertrauen statt Kontrolle**	51
	Literatur	65
5	**Die Rolle von Resilienz in der modernen Führung**	67
	5.1 Resilienz beginnt bei mir – Selbstfürsorge ist keine Kür, sondern Pflicht	70
	5.2 Stress als Treibstoff – Warum Druck nicht der Feind sein muss	74
	5.3 Ruhe bewahren – auch wenn's ‚stürmt'	79

5.4	Perspektivwechsel wagen – Aus Problemen Chancen machen	86
5.5	Resilienz als Führungsqualität	90
Literatur		93

6 Innovationskultur fördern – Gemeinsam Zukunft gestalten ... 95
- 6.1 Innovationskraft im Team verankern ... 97
- 6.2 Vielfalt als Innovationsmotor ... 101
- 6.3 Offenheit als Haltung ... 103
- Literatur ... 109

7 Digitalisierung trifft People Power ... 111
- 7.1 Die neue Rolle von HR im digitalen Zeitalter ... 112
- 7.2 KI in der HR-Praxis – Möglichkeiten und Realitäten ... 119
- 7.3 Haltung zeigen – Ethische Leitlinien für den KI-Einsatz ... 126
- 7.4 Kultur statt Klick – die Menschen mitnehmen ... 130
- 7.5 Vom Piloten zur Skalierung ... 133
- Literatur ... 139

8 Die Zukunft beginnt jetzt ... 141
- 8.1 Warum wir über die Zukunft sprechen sollten ... 142
- 8.2 Zukunftstreiber – Megatrends ... 144
- 8.3 Transformation braucht Menschlichkeit: HR als Impulsgeber ... 150
- 8.4 Was jetzt zu tun ist – Strategische Empfehlungen ... 156
- Literatur ... 161

Über die Autorin

Maike July ist seit über 20 Jahren leidenschaftliche HR-Managerin – vor allem in Biotech-Start-ups. Sie gestaltete als Chief People Officer die Zukunft eines aufstrebenden Biotechnologieunternehmens mit. Ihr Weg in die Welt von HR war dabei alles andere als geradlinig: geprägt von Mut, Neugier und dem tiefen Wunsch, Menschen miteinander zu verbinden, Räume für Entwicklung zu schaffen und Organisationen menschlicher, innovativer und widerstandsfähiger zu machen.

Schon früh erkannte sie, dass klassische Personalverwaltung allein nicht ausreicht, um Start-ups nachhaltig erfolgreich zu machen. In einem

Umfeld, in dem sich Innovation, Unsicherheit und rasanter Wandel die Hand geben, braucht es vielmehr **Führung, die Vertrauen schafft, Strukturen, die Freiraum geben, und Kultur, die Sinn stiftet.** Diese Erkenntnis ist der rote Faden, der sich durch ihre Karriere zieht – und auch durch dieses Buch.

Persönliche Wendepunkte haben ihren Blick auf HR geschärft: Als Mutter lernte sie, wie wichtig Flexibilität, Resilienz und Prioritäten im Alltag sind. Als Change Managerin erlebte sie hautnah, wie schwer, aber auch wie lohnend es ist, Menschen durch Transformationen zu begleiten. Und als Coach entwickelte sie die Fähigkeit, Potenziale nicht nur zu erkennen, sondern sie mutig ans Licht zu holen.

Das Schreiben dieses Buches ist für sie mehr als das Teilen von Fachwissen: Es ist ein **Herzensprojekt**. Denn Maike weiß, wie herausfordernd – und gleichzeitig wie erfüllend – es sein kann, HR in einem Biotech-Start-up zu gestalten. Sie möchte ihre Leserinnen und Leser nicht nur informieren, sondern inspirieren. Mit klaren Impulsen, praxisnahen Tipps und echten Geschichten aus der Welt der Start-ups lädt sie dazu ein, die eigene Rolle als Gestalterin oder Gestalter von HR neu zu denken. Maike July steht für eine HR-Arbeit, die Haltung zeigt, Kultur gestaltet und den Menschen in den Mittelpunkt stellt.

Wenn Maike nicht gerade über HR, Kulturwandel oder Leadership schreibt, findet man sie draußen in der Natur, beim Krafttanken im Kreise ihrer Familie oder im Gespräch mit inspirierenden Menschen, die – wie sie – daran glauben, dass Arbeit mehr sein darf als nur ein Job: ein Ort, an dem Menschen wachsen, Sinn finden und die Zukunft gestalten.

Du kannst sie über LinkedIn oder ihre Webseite kontaktieren.
www.linkedin.com/in/maike-july-woman-way-up
https://woman-way-up.com/

1

Warum ein Biotech-Start-up?
Die Schnittstelle zwischen Wissenschaft, Technologie und Menschen

„Biotechnologie ist mehr als Forschung im Labor – sie ist die Kunst, Wissenschaft in Lösungen zu verwandeln, die das Leben von Menschen berühren."
Maike July

Zusammenfassung Willkommen in der Welt der Biotechnologie – einer Branche, die Hoffnung schenkt und Grenzen sprengt! Hier treffen Wissenschaft und Technologie aufeinander, um das Unmögliche möglich zu machen. Biotech-Start-ups sind mehr als nur junge Unternehmen. Sie sind mutige Pioniere, die Krankheiten heilen, den Klimawandel bekämpfen und die Welt ein Stück besser machen wollen. Es sind Menschen mit Leidenschaft, Tatendrang und einer Prise Wagemut. Dieses Kapitel beleuchtet die besondere Dynamik eines Biotech-Start-ups und die entscheidende Rolle von HR in einem solchen Umfeld. Im Zentrum steht die Aufgabe, die Balance zwischen Stabilität und Agilität zu finden und eine Brücke zwischen wissenschaftlicher Präzision und unternehmerischem Denken zu schlagen. Es geht um mehr als Prozesse und

Strukturen – es geht um die Kunst, Talente zu inspirieren, eine Kultur des Miteinanders zu schaffen und den Forschungsdrang in jeder Ecke des Unternehmens zu fördern.

Hier entsteht die Zukunft! Innovation, Leidenschaft und Sinnhaftigkeit verschmelzen zu einer Mission: Neues entdecken, Grenzen verschieben und Lösungen schaffen, die wirklich etwas bewirken. Jeder Tag bringt die Chance, die Zukunft ein Stück besser zu machen – und genau das macht dieses Umfeld so einzigartig und inspirierend.

Unsere Arbeit ist mehr als nur ein Job – sie ist ein Beitrag dazu, das Leben von Millionen von Menschen zu verändern, vielleicht sogar zu retten.

In einer Welt, in der viele Karrieren nach dem Motto „höher, schneller, weiter" verlaufen, sehnen sich immer mehr Menschen nach einer Tätigkeit mit echtem Sinn. Sie wollen nicht nur Prozesse optimieren oder Schlüsselkennzahlen (Key Performance Indicators) erfüllen – sie wollen etwas bewirken.

Genau hier beginnt die Magie eines Biotech-Start-ups. Denn es ist nicht einfach nur ein Arbeitsplatz. Es ist ein Ort, an dem Innovation auf Menschlichkeit trifft. An dem Expertise, Leidenschaft und ein gemeinsames Ziel verschmelzen: Lösungen zu entwickeln, die Leben retten, Krankheiten lindern und der Wissenschaft neue Horizonte eröffnen.

Was also macht ein Biotech-Start-up zu einem so besonderen Arbeitgeber?
Beginnen wir mit dem Offensichtlichen: Biotechnologie ist eine der bedeutendsten Zukunftsbranchen unserer Zeit. Die Entwicklungen in Bereichen wie personalisierte Medizin, mRNA-Technologie, Zell- und Gentherapie oder synthetische Biologie verändern nicht nur die Gesundheitsversorgung – sie definieren neu, was medizinisch überhaupt möglich ist.

Mitten in diesem Wandel agieren Biotech-Start-ups nicht als Verwalter von Bestehendem, sondern als kreative Gestalter der Zukunft. Sie sind Treiber der Innovation, mutig, schnell, neugierig. Und genau das prägt auch den Arbeitsalltag.

Wer hier arbeitet, betritt kein starres System mit endlosen Hierarchien und festgezurrten Rollen. Stattdessen erlebt man ein agiles, dynamisches Umfeld, in dem Ideen zählen, Verantwortung früh übernommen wird und der persönliche Beitrag zählt und sichtbar ist.

Jeder Tag bringt die Chance, die Zukunft ein Stück besser zu machen – und genau das macht dieses Umfeld so einzigartig und inspirierend.

Ein typisches Biotech-Start-up ist ein faszinierender Schmelztiegel aus Wissenschaft, Unternehmertum und Teamgeist. Hier treffen Molekularbiolog:innen auf Data Scientists, Labortechniker:innen auf Projektmanager:innen und Business Developer auf Qualitätsprofis.

Was sie alle verbindet: der Wille, gemeinsam etwas Großes zu schaffen. Diese Interdisziplinarität ist nicht nur spannend, sie ist essenziell, denn wirkliche Durchbrüche entstehen oftmals an den Schnittstellen.

Doch neben aller Dynamik und Innovationsfreude gibt es noch einen tieferen Grund, warum viele Menschen sich bewusst für die Arbeit in einem Biotech-Start-up entscheiden, die Sinnhaftigkeit.

Unsere Arbeit ist mehr als nur ein Job – sie ist ein Beitrag dazu, das Leben von Millionen von Menschen zu verändern, vielleicht sogar zu retten. Wir arbeiten an Medikamenten für bislang unheilbare Krankheiten, entwickeln Diagnostiklösungen, die frühzeitig Leben retten können, oder forschen an Technologien, die neue Therapieformen ermöglichen. Das Gefühl, mit der eigenen Arbeit Teil einer so bedeutenden Mission zu sein, motiviert auf eine Weise, wie es kaum ein anderer Job kann.

Diese Sinnhaftigkeit zeigt sich nicht nur im großen Ganzen, sondern auch im Kleinen – in der täglichen Zusammenarbeit, im wertschätzenden Umgang miteinander, in der gemeinsamen Überzeugung, dass es sich lohnt, sich für diese Sache zu engagieren.

Natürlich ist das Arbeiten in einem Biotech-Start-up auch herausfordernd. Projekte ändern sich schnell, Budgets sind begrenzt, und oft gibt es keine etablierten Prozesse oder Blaupausen.

Aber genau das macht es spannend. Wer mitdenken, mitgestalten und wachsen will, findet hier ein ideales Umfeld. Es ist ein bisschen wie eine Expedition: Man kennt das Ziel, aber nicht den exakten Weg – und genau das macht den Reiz aus.

Mut, Lernbereitschaft und Resilienz sind dabei entscheidende Fähigkeiten, die nicht nur gefordert und gefördert, sondern täglich gelebt werden.

Auch die Rolle von HR in einem solchen Umfeld ist besonders. Hier geht es nicht nur darum, Stellen zu besetzen oder Prozesse zu verwalten. HR ist Sparringspartner:in, Kulturträger:in, Coach und Innovationsbegleiter:in in einem. Die Arbeit mit Menschen steht im Zentrum mit dem Ziel, ein Umfeld zu schaffen, in dem Talente sich entfalten können und Teams Großes leisten. Dabei zählt nicht nur das „Was", sondern vor allem das „Wie": Kommunikation auf Augenhöhe, Vertrauen, Weiterentwicklung und Empowerment.

Viele Biotech-Start-ups leben bereits heute eine moderne, inklusive und zukunftsorientierte Unternehmenskultur, in der Vielfalt nicht nur toleriert, sondern als Motor für Innovation verstanden wird. Unterschiedliche Perspektiven, Erfahrungen und Lebenswege sind kein Hindernis, sondern ein Gewinn. Hier entstehen Teams, die sich gegenseitig stärken – fachlich und menschlich.

Ein weiterer Pluspunkt: Die Nähe zur Wissenschaft. In kaum einer anderen Branche ist der Austausch mit Hochschulen, Forschungseinrichtungen oder Kliniken so intensiv. Mitarbeitende in Biotech-Start-ups sind nicht nur Anwender:innen von Erkenntnissen, sondern oft selbst Teil der wissenschaftlichen Community. Das bedeutet: kontinuierliches Lernen, Austausch auf hohem Niveau und ein Arbeitsumfeld, das von intellektueller Neugier geprägt ist.

Und was bedeutet das konkret für den Arbeitsalltag?

Es heißt: Morgens ins Büro oder Labor zu kommen und zu wissen, dass man an etwas arbeitet, das einen Unterschied macht. Es heißt: Teil eines Teams zu sein, dass gemeinsam feiert, wenn ein Experiment gelingt, und sich gegenseitig auffängt, wenn ein Rückschlag kommt. Es heißt: Verantwortung zu übernehmen, auch wenn der Weg noch nicht vollständig klar ist. Und es heißt: Immer wieder neue Wege zu denken, Lösungen zu finden, wo es vorher keine gab.

Wer also eine Karriere sucht, die nicht nur Expertise, sondern auch Herz, Mut und Engagement verlangt, ist in einem Biotech-Start-up genau richtig. Hier entstehen keine Produkte von der Stange, sondern Lösungen, die Leben verändern. Hier zählt nicht nur der Abschluss, sondern die Haltung. Nicht nur das Fachwissen, sondern auch die Fähigkeit zur Zusammenarbeit, zur Inspiration und zur Begeisterung.

> **Definition Start-Up**
>
> Als Start-ups werden junge Unternehmen bezeichnet, die zur Verwirklichung einer innovativen Geschäftsidee gegründet werden. Anfangs verfügen diese meist über ein geringes Startkapital, weshalb sie auf eine frühe Ausweitung ihrer Geschäfte, auf Venture-Capital oder weitere Finanzierungsquellen angewiesen sind. Laut dem Deutschen Start-up Monitor (Rohner 2023) sind Start-ups jünger als 10 Jahre, haben ein geplantes Mitarbeiter- und/oder Umsatzwachstum und sind mit ihren Technologien, Geschäftsmodellen, Produkten oder Dienstleistungen (hoch) innovativ. Die Branchenverteilung zeigt, dass Start-ups in allen Wirtschaftssektoren aktiv sind. Rund ein Drittel (26,6 %) der Start-ups beschäftigt sich mit Digitalisierung, gefolgt von Medizin und Gesundheitswesen (10,6 %) sowie Nahrungsmitteln und Konsumgütern (6,6 %) (DSM 2025).

Die Biotechnologie ist eine der aufregendsten und zukunftsweisenden Branchen unserer Zeit. Hier trifft die Welt der Wissenschaft auf die der Technologie, und beide müssen harmonisch zusammenspielen, um Innovation voranzutreiben und medizinische, ökologische oder industrielle Herausforderungen zu meistern.

Gemäß dem Bundesministerium für Wirtschaft und Klimaschutz ist die überwiegende Zahl der Biotech-Unternehmen in der medizinischen Biotechnologie aktiv. Ohne Biotechnologie ist heute keine moderne Arzneimittelforschung und -entwicklung (zum Beispiel Medikamente gegen Krebs, Alzheimer, Parkinson oder Diabetes) mehr denkbar (BMWK Referat IVC2 2024).

Die Mehrheit (55 %) der über 700 deutschen Biotech-Unternehmen ist im medizinischen Sektor tätig. 25 % dieser Unternehmen entwickeln neue Medikamente z. B. für Krebsimmuntherapien, Autoimmun- oder neurologische Erkrankungen. 16 % entwickeln Diagnostika, z. B. Tests für Krebs oder zum schnellen Erregernachweis. Weitere 14 % bieten Dienstleistungen für die medizinische Forschung an. Diese medizinischen Biotech-Unternehmen tragen erheblich zur Bruttowertschöpfung des deutschen Gesundheitswesens bei. Etwa ein Zehntel (9 %) der deutschen Biotechs sind in der industriellen Biotechnologie tätig und entwickeln z. B. Biokraftstoffe, Enzyme, Nahrungsergänzungsmittel oder Spezialchemikalien. Etwa 6 % der Unternehmen beschäftigen sich mit Big Data und IT und bilden den Sektor Bioinformatik. Die Zahl der Start-ups, die sich Agrobiotechnologie widmen, ist rückläufig. Nur 3 % sind in diesem Bereich tätig. Ein Viertel der deutschen Biotech-Unternehmen bietet unspezifische Dienstleistungen an (27 %) (BIO Deutschland 2020).

Biopharmazeutika – also Medikamente aus gentechnischer Herstellung – und die medizinische Biotechnologie insgesamt spielen eine immer wichtigere Rolle in der Arzneimittelversorgung als Motor für Innovationen und für den Standort Deutschland. So machten Biopharmazeutika 2021 mit 46 % fast jede zweite Neuzulassung eines Arzneimittels in Deutschland aus (vfa 2023).

„Medizinische Biotechnologie ist unverzichtbar. Fast die Hälfte aller neu zugelassenen Medikamente sind Biopharmazeutika. Das ist das Ergebnis der hervorragenden Qualität in der Forschung dieser Hightech-Branche, von der an erster Stelle die Patientinnen und Patienten profitieren." (Mathias 2023).

Die Visionen, die Biotech-Start-ups verfolgen, gehen weit über die üblichen Unternehmensziele hinaus. Biotech-Start-ups sind Pioniere einer neuen Ära, die sich der Verbesserung der menschlichen Gesundheit und der Schaffung einer nachhaltigeren Zukunft verschrieben haben.

„Biotech-Unternehmen sind die risikoaffinsten, die Extremsportler unter den Start-ups." (Gnam 2024)

Die Faszination des Biotech-Start-ups – Innovation und Menschlichkeit im Fokus
Die Biotechnologie ist heute ein Bereich, der immense Hoffnung und ebenso große Herausforderungen in sich birgt. Wenn wir von Biotech-Start-ups sprechen, denken wir an hoch spezialisierte Teams, die sich den bedeutendsten Problemen unserer Zeit widmen: Krankheiten heilen,

landwirtschaftliche Erträge verbessern oder die Auswirkungen des Klimawandels reduzieren.

Biotechnologie steht an der Schnittstelle von Wissenschaft und Technologie und verbindet das Beste aus beiden Welten. Doch dieser Bereich erfordert nicht nur wissenschaftliche Expertise – er verlangt auch nach Menschen, die mit Leidenschaft an einer gemeinsamen Mission arbeiten und den Mut haben, konventionelle Ansätze zu hinterfragen.

Arbeiten in Human Resources (HR) für ein solches Unternehmen, bedeutet, dass du ein Arbeitsumfeld fördern darfst, in dem sowohl die wissenschaftliche Exzellenz als auch die Zusammenarbeit zwischen verschiedenen Fachdisziplinen gefördert werden. Es geht darum, ein Gleichgewicht zu schaffen, in dem die kreativen Freiheiten der Wissenschaftler und Entwickler auf eine strukturierte und unterstützende Kultur treffen.

Für mich ist diese Rolle inspirierend und herausfordernd zugleich. In einem Biotech-Start-up bin ich nicht nur Personalverantwortliche, sondern auch Vermittlerin und Motivatorin. Hier treffen hoch spezialisierte Wissenschaftler und Techniker aufeinander, und es ist mein Job, ein Umfeld zu schaffen, in dem ihre Zusammenarbeit funktioniert und Innovationen entstehen können.

HR ist oft diejenige, die die Brücke zwischen Wissenschaft und Wirtschaft schlägt.

Dies bedeutet, nicht nur die passenden Talente zu finden und zu fördern, sondern auch eine Arbeitskultur aufzubauen, die auf Mut, Vertrauen und Offenheit basiert.

Die passenden Mitarbeitenden zu finden, gestaltet sich herausfordernd, siehe Tab. 1.1.

In einem Biotech-Start-up ist jede/r ein entscheidender Teil des Ganzen.

Tab. 1.1 Fachkräftemangel in der Biotech-Industrie: Wie wird sich ihrer Meinung nach die Lage bei der Rekrutierung von Fachkräften in den nächsten zwei Jahren entwickeln. (Quelle: BIO Deutschland 2022)

Die Lage wird sich …	verschlechtern	gleichbleiben	verbessern
Technische Assistent:innen	60 %	34 %	6 %
Wissenschaftliche Forschung & Entwicklung (F&E)	27 %	70 %	3 %
Technische F&E	54 %	43 %	3 %
Vertrieb	44 %	53 %	3 %
Managementebene	31 %	67 %	3 %

Meine Entscheidung für ein Biotech-Start-up
Ich erinnere mich noch genau an den Moment, als ich das Jobangebot erhielt. Es war ein regnerischer Dienstagabend, und ich saß mit einer Tasse Tee auf meiner Couch, umgeben von einem Stapel Bewerbungsunterlagen und Notizen. Mein Handy vibrierte, und die Nachricht klang vielversprechend: „Wir suchen jemanden, der HR in einem Biotech-Start-up neu definiert."

Meine erste Reaktion war eine Mischung aus Neugier und Skepsis. Ein Biotech-Start-up? Ich hatte bis dahin in stabilen, etablierten Unternehmen gearbeitet, mit festen Strukturen und klaren Hierarchien. Der Gedanke, in ein Umfeld einzutauchen, in dem Chaos manchmal zur Tagesordnung gehört, fühlte sich beängstigend und aufregend zugleich an. Doch etwas an diesem Angebot ließ mich innehalten. Vielleicht war es die Art, wie die Vision des Unternehmens beschrieben wurde – die Mission, durch Wissenschaft Leben zu verändern, und der Wunsch, Menschen zu finden, die diese Mission mit Leidenschaft vorantreiben.

Ein paar Tage später hatte ich mein erstes Gespräch mit dem CEO. Wir saßen in einem kleinen Büro, das eher wie ein überdimensioniertes Labor aussah. Der CEO sprach mit so viel Enthusiasmus über seine Arbeit, dass ich sofort wusste: Hier geschieht etwas Besonderes. Er erklärte, dass sie nicht nur eine Person suchten, die Prozesse aufsetzt und Mitarbeitende rekrutiert, sondern jemanden, der eine Unternehmenskultur aufbaut, die die Menschen zusammenbringt und inspiriert.

Doch es war nicht nur die Vision des Unternehmens, die mich überzeugte – es war ein Moment im Gespräch, der alles für mich entschied. Der CEO sagte: „Wir brauchen jemanden, der keine Angst davor hat, Dinge anders zu machen, der bereit ist, in unbekannten Gewässern zu navigieren und Menschen in stürmischen Zeiten Halt zu geben. Wir wollen, dass Sie mit uns die Zukunft gestalten."

Diese Worte trafen einen Nerv. Sie erinnerten mich an einen Satz, den mir eine ehemalige Kollegin einmal sagte: „Du bist jemand, der inmitten von Chaos Struktur schaffen kann und das mit einem Lächeln." Ich wusste, dass das der Moment war, in dem ich springen sollte.

Am nächsten Tag sagte ich zu. Es war keine Entscheidung für Sicherheit oder Bequemlichkeit, sondern eine Entscheidung für Wachstum – sowohl für das Unternehmen als auch für mich selbst. Ich wollte sehen, wie weit wir kommen können, wenn wir Wissenschaft, Innovationsfreude und Empathie miteinander verbinden.

Diese Entscheidung hat mein berufliches Leben verändert. Ich bin nicht nur in eine Welt eingetaucht, in der jeden Tag neue Herausforderungen warten, sondern auch in eine, die mir gezeigt hat, wie unglaublich es ist, Teil einer Mission zu sein, die größer ist als man selbst.

Die HR-Leitung in einem Biotech-Start-up ist für mich mehr als ein Job – es ist eine Reise voller Abenteuer, Stolpersteine und unvergesslicher Erfolge. Und ich bereue keine Sekunde, dass ich den Sprung gewagt habe.

Pioniergeist gesucht: Warum HR in Startups anders tickt
In einem Biotech-Start-up ist eine andere HR-Mentalität gefragt. Standardprozesse funktionieren selten und es ist oft nötig, individuelle Lösungen zu finden.

Laut einer Studie der Bertelsmann Stiftung (2025) macht eine starke Innovationskultur Unternehmen widerstandsfähiger und innovativer. Offenheit, Agilität, Kommunikation und Mitarbeiterorientierung sind entscheidende Elemente einer wirksamen Innovationskultur.

Was macht ein Unternehmen wirklich innovativ? Nicht die glänzenden Zukunftsvisionen auf PowerPoint-Folien. Auch nicht die agilen Workshops, die wie Pilze aus dem Boden schießen. Sondern: die gelebte Haltung im Alltag – bei jedem Einzelnen. Es geht um ein Mindset, das offen ist für neue Wege, neugierig bleibt und Veränderungen nicht als Risiko, sondern als Chance begreift.

In Unternehmen, die eine echte Innovationskultur leben, dürfen Ideen wachsen. Und ja, auch Fehler passieren – aber sie werden nicht versteckt oder bestraft, sondern als wertvolle Lernmomente genutzt. Diese Unternehmen schaffen einen Raum, in dem Kreativität fließen kann, ohne ins Chaos abzugleiten. Denn sie wissen: Kreativer Freiraum braucht Strukturen. Orientierung schafft Sicherheit und diese Sicherheit beflügelt mutiges Denken.

Was dabei ebenfalls entscheidend ist: Zusammenarbeit. Innovation entsteht nicht im stillen Kämmerlein. Sie wächst dort, wo Menschen ihre Perspektiven teilen, sich gegenseitig inspirieren und gemeinsam Neues denken. Das passiert abteilungsübergreifend, in echten Dialogen und nicht zuletzt durch die Zusammenarbeit mit externen Partnern. Wissen wird geteilt, neue Impulse entstehen, Grenzen werden gesprengt. Innovation braucht Gemeinschaft.

Und noch etwas: Wirklich innovative Unternehmen wissen, dass ihre Mitarbeitenden der wahre Schatz sind. Sie hören zu, wenn jemand eine Idee hat. Sie schaffen Räume, in denen jede Stimme zählt. Dort herrscht Vertrauen und Wertschätzung. Dort übernehmen Menschen Verantwortung. Dort wird Innovation zur kontinuierlichen Bewegung.

Diese Flexibilität ist besonders im Biotech-Bereich von Bedeutung, da die Forschung und Entwicklung oft unvorhersehbare Wendungen nimmt und schnelle Entscheidungen erfordert.

Meine Erfahrungen haben mir gezeigt, dass diese Flexibilität auch in der Personalführung notwendig ist. In einem Biotech-Start-up ist es wichtig, die Bereitschaft zu haben, sich an Veränderungen schnell anzupassen und auf unvorhergesehene Situationen flexibel zu reagieren.

Ein fundamentaler Unterschied zwischen HR in Start-ups und etablierten Unternehmen liegt in der Balance zwischen strukturierten Prozessen und der Notwendigkeit, kreative, agile Lösungen zu entwickeln – eine Herausforderung, die besonders in dynamischen und innovationsgetriebenen Umfeldern wie Biotech-Start-ups deutlich wird.

In großen Unternehmen steht die Personalabteilung für strukturierte Professionalität. Es gibt in der Regel jahrzehntelange Erfahrungen, die sich in klar definierten und kommunizierten HR-Richtlinien, Prozessen und Strukturen widerspiegeln. Diese Organisationen sind darauf ausgelegt, Stabilität und Effizienz zu gewährleisten.

Typische Merkmale von HR in klassischen Unternehmen

- **Vordefinierte Prozesse:** Von der Rekrutierung über Onboarding bis hin zu Personalentwicklung und -bewertung gibt es standardisierte Abläufe.
- **Komplexe Hierarchien:** Entscheidungen durchlaufen oft mehrere Ebenen, was eine konsistente, aber weniger agile Entscheidungsfindung fördert.
- **Ressourcenreich:** Großunternehmen haben Zugang zu spezialisierten Tools, Experten und umfangreichen Budgets, um ihre HR-Strategien umzusetzen.
- **Fokus auf Compliance:** Der rechtliche und regulatorische Rahmen ist entscheidend, um Risiken zu minimieren.

In diesem Umfeld arbeitet HR als zuverlässiges Rückgrat, das klare Regeln aufstellt und deren Einhaltung sicherstellt. Innovation steht hier weniger im Fokus, sondern die Optimierung bestehender Strukturen und Prozesse.

HR in Start-ups: Kreativer Aufbau statt Verwaltung
In einem Start-up dagegen existiert diese Struktur häufig nicht oder befindet sich noch im Aufbau. Hier ist HR ein Schlüsselfaktor für den langfristigen Unternehmenserfolg, aber sie beginnt oft bei null. Dies erfordert von den HR-Personen ein hohes Maß an Eigeninitiative und eine spezielle HR-Mentalität, die darauf ausgerichtet ist, Systeme flexibel und gleichzeitig effizient zu gestalten.

In einem Biotech-Start-up braucht es mehr als bloße Motivation.

> **Typische Merkmale von HR in Start-ups**
> - **Flexibilität und Agilität**: Prozesse und Strukturen müssen ständig angepasst werden, um mit dem Wachstum und den sich ändernden Bedürfnissen Schritt zu halten.
> - **Innovativer Esprit**: Da es keine vorgefertigten Lösungen gibt, muss HR kreativ und lösungsorientiert arbeiten, um sowohl die Unternehmenskultur als auch effiziente Systeme aufzubauen.
> - **Hands-on-Mentalität**: Es gibt oft keine klaren Abgrenzungen zwischen strategischen und operativen Aufgaben. Ein HR-Manager kann am Vormittag ein neues Recruiting-Tool implementieren und am Nachmittag Konflikte im Team moderieren.
> - **Kultur als Herzstück**: In einem Start-up prägt die HR-Arbeit maßgeblich die Unternehmenskultur. Eine authentische und inspirierende Arbeitsumgebung zu schaffen, ist essenziell, um Talente anzuziehen und zu halten.

Es gibt noch einige Besonderheiten, die die HR-Rolle besonders anspruchsvoll machen:

- **Multidisziplinäres Talent-Management**: Die HR-Abteilung bringt Talente aus den verschiedensten Disziplinen, wie z. B. Forschung, IT, Marketing – zusammen und fördert deren Zusammenarbeit.

- **Druck und Geschwindigkeit:** Oft gibt es hohen Zeitdruck, um wissenschaftliche Meilensteine zu erreichen und die nächste Finanzierungsrunde zu sichern. HR kümmert sich darum die Mitarbeiter zu motivieren, ohne sie auszubrennen.
- **Employer Branding als Wissenschaftsvision:** Es geht nicht nur um Gehälter, sondern darum, eine Vision zu vermitteln, die Talente inspiriert, an etwas Größerem zu arbeiten.
- **Krisenfestigkeit:** Biotech-Start-ups haben oft mit Unsicherheiten zu kämpfen, sei es in der Forschung oder im Markt. HR ist mitverantwortlich psychologische Sicherheit zu schaffen und Optimismus zu vermitteln.

Der erste Monat war wie eine Achterbahnfahrt. Ich lernte, dass „GMP" keine geheime Abkürzung für „Gute Management-Praxis" ist, sondern für „Good Manufacturing Practice", und dass „Plasmid" keine neue Smoothie-Zutat ist. Aber was ich auch lernte: In einem Biotech-Start-up kann man nur überleben, wenn man die Fähigkeit hat, über sich selbst zu lachen und wenn man das Chaos ‚umarmt'. Meine Passion liegt darin, in einer Umgebung zu arbeiten, in der ich sowohl intellektuell gefordert werde als auch die Möglichkeit habe, eine Kultur zu schaffen, die von Offenheit und Innovationsfreude geprägt ist.

Pioniergeist und Leidenschaft sind Grundvoraussetzungen – nicht nur für die Wissenschaftler:innen, sondern auch für die gesamte HR-Abteilung. Das bedeutet, dass ich als HR-Verantwortliche neue Ansätze einführe und auf unkonventionelle Weise denke. Die traditionellen HR-Strategien funktionieren oft nicht in einem Start-up-Umfeld. Hier muss ich in der Lage sein, schnell auf Veränderungen zu reagieren, kreative Lösungen zu finden und eine Arbeitskultur zu schaffen, in der das Potenzial jedes Einzelnen optimal zur Geltung kommt.

Innovation ist das Herzstück eines jeden Start-ups. Doch Innovation entsteht nicht aus dem Nichts – sie braucht Leidenschaft, Neugier und die Bereitschaft, neue Wege zu beschreiten. In einem Biotech-Start-up zeigt sich dies in jeder Facette des Unternehmens, von den wissenschaftlichen Projekten bis hin zu den HR-Aufgaben. Für mich als HR-Chefin bedeutet dies, dass ich nicht nur die Aufgaben des Personalwesens übernehme, sondern auch ein tiefes Verständnis für die Wissenschaft und die Menschen, die sie betreiben, entwickele.

Eine der größten Herausforderungen ist es für Stabilität und Orientierung zu sorgen, ohne die Innovationskraft und Agilität zu beeinträchtigen. Es ist wichtig, dass HR als unterstützende und beratende Funktion im Unternehmen wahrgenommen wird, die sowohl die Bedürfnisse der Mitarbeiter:innen als auch die Anforderungen des Unternehmens versteht und miteinander in Einklang bringt.

Beispiel aus der Praxis: Passion als Treiber

Ein konkretes Beispiel aus meiner Arbeit zeigt, wie wichtig Leidenschaft und Flexibilität in einem Biotech-Start-up sind. Vor einigen Monaten standen wir vor der Herausforderung, eine führende Rolle in einem Forschungsprojekt zu besetzen. Es war klar, dass wir eine Person brauchten, die nicht nur fachlich kompetent war, sondern auch den Mut hatte, neue Ansätze zu verfolgen und im Team eine Vorbildfunktion zu übernehmen. Letztendlich entschieden wir uns für jemanden, der zunächst nicht dem klassischen Kandidatenprofil entsprach, jedoch eine enorme Begeisterung für das Projekt mitbrachte. Diese Entscheidung hat sich als goldrichtig erwiesen, denn der neue Mitarbeitende brachte genau den frischen Wind, den das Projekt benötigte.

In diesem Umfeld wird Flexibilität zur Stärke, und der Wille, Neues zu lernen und Herausforderungen anzunehmen, sind wichtige Voraussetzungen. Hier kann ich als HR-Chefin nicht nur verwalten, sondern gestalten. Ich habe die Möglichkeit, Strukturen zu schaffen, die auf Offenheit und Kooperation basieren und die einzigartige DNA des Unternehmens widerspiegeln. Diese Möglichkeit, aktiv zur Teamkultur und zu einem innovativen Umfeld beizutragen, ist für mich einer der zentralen Gründe, warum ich mich für ein Biotech-Start-up entschieden habe.

Mein Fazit: Die Entscheidung für ein Biotech-Start-up als HR-Chefin

Die Entscheidung, als HR-Chefin in einem Biotech-Start-up zu arbeiten, ist weit mehr als eine berufliche Weichenstellung – sie ist ein klares Bekenntnis zu Gestaltung, Wandel und Sinn. Für mich persönlich war es die bewusste Wahl, in einem Umfeld tätig zu sein, das nicht auf Beständigkeit, sondern auf Bewegung setzt. In dem nicht nur mit Daten und Molekülen, sondern mit Visionen gearbeitet wird. Und in dem die HR-

Arbeit nicht im Schatten der Wissenschaft steht, sondern als strategischer Partner das Fundament für nachhaltiges Wachstum legt.

In einem Biotech-Start-up wird nichts „nebenbei" gemacht – auch nicht HR. Jedes Teammitglied, jede neue Rolle, jede kulturelle Entscheidung wirkt sich unmittelbar auf die Entwicklung des Unternehmens aus. Es geht nicht darum, Prozesse zu verwalten, sondern darum, sie zu entwickeln. Nicht darum, fertige Konzepte zu implementieren, sondern darum, mutig auszuprobieren, was zu unserer Kultur, zu unseren Menschen und zu unserer Mission passt.

Gerade in der Frühphase eines Biotech-Unternehmens ist HR weit mehr als Recruiting und Vertragsgestaltung. Es geht darum, ein Arbeitsumfeld zu schaffen, das Forschergeist ebenso fördert wie unternehmerisches Denken.

Ein Umfeld, das Menschen befähigt, ihr volles Potenzial zu entfalten trotz oder gerade wegen der hohen Dynamik, der wissenschaftlichen Komplexität und der häufig begrenzten Ressourcen. Das bedeutet: Wir schaffen Strukturen, wo noch keine sind. Wir geben Orientierung, wo Unsicherheit herrscht. Und wir ermöglichen Entwicklung, wo Talente in neue Rollen hineinwachsen, für die es noch keine Blaupause gibt.

Besonders spannend ist dabei die Schnittstelle zwischen Wissenschaft und Wirtschaft. In kaum einer anderen Branche treffen so unterschiedliche Denksysteme aufeinander: rationale Analyse und kreative Strategie, experimentelle Forschung und operative Effizienz, akademische Tiefe und unternehmerischer Pragmatismus. Als HR-Chefin gestalte ich genau diese Brücke mit, indem ich Kommunikationskulturen etabliere, interdisziplinäre Zusammenarbeit fördere und Führungskräfte befähige, in beide Richtungen wirksam zu sein.

Natürlich ist das nicht immer einfach. In einem Start-up zu arbeiten bedeutet auch: ständig Prioritäten zu ändern, mit Unsicherheit zu leben, und mit Rückschlägen umzugehen. Doch genau darin liegt die Chance, echte Resilienz zu entwickeln – nicht nur für das Unternehmen, sondern auch für mich persönlich als Führungskraft. Ich habe gelernt, Entscheidungen schnell zu treffen, Prozesse pragmatisch zu denken und gleichzeitig ein hohes Maß an Empathie und Menschlichkeit zu bewahren. Denn der Kern meiner Arbeit ist und bleibt die Menschen.

Für mich ist HR im Biotech-Start-up nicht „People Management" – es ist „People Empowerment". Es ist die Überzeugung, dass starke Teams der Schlüssel zu wissenschaftlicher Innovation und wirtschaftlichem Erfolg sind. Es ist die tägliche Aufgabe, Menschen in ihrer Entwicklung zu begleiten, ihnen Mut zu machen, ihre Stimme zu finden, Verantwortung zu übernehmen und ihre eigene Geschichte mit der Mission des Unternehmens zu verbinden.

Diese Reise ist intensiv, herausfordernd, manchmal chaotisch – aber vor allem unglaublich sinnstiftend. Ich bin überzeugt: Wer HR in einem Biotech-Start-up gestaltet, gestaltet nicht nur Unternehmenskultur, sondern auch ein Stück Zukunft mit. Und genau das macht diesen Weg für mich so erfüllend.

> **Key Takeaways**
>
> - **Faszination des Biotech-Start-ups**: Biotech-Start-ups sind lebendige Zentren, in denen Wissenschaft, Technologie und menschliches Potenzial aufeinandertreffen, um die drängendsten Herausforderungen unserer Zeit anzugehen. HR wird hier zur treibenden Kraft, die diese Vision in ein engagiertes und leistungsstarkes Team verwandelt.
> - **Motivation für ein Start-up-Umfeld**: Die Wahl für ein Biotech-Start-up ist eine Entscheidung für Dynamik, Innovation und den Wunsch, aktiv an der Gestaltung der Zukunft mitzuwirken. Es ist eine Bühne, auf der je-de:r Einzelne eine entscheidende Rolle spielt.
> - **Schnittstelle Wissenschaft und Menschlichkeit**: Die Mitarbeiter:innen eines Biotech-Start-ups arbeiten aus tiefer Überzeugung und innerer Motivation. HR schafft ein Umfeld der Wertschätzung, des Vertrauens und der Unterstützung, damit diese Leidenschaft zur vollen Entfaltung kommt.
> - **Innovation braucht Leidenschaft**: In einem Start-up sind Mut und Innovationsfreude essenziell. HR trägt dazu bei, diesen Pioniergeist zu fördern, indem es nicht nur Kompetenzen, sondern auch Engagement und Potenzial als entscheidende Faktoren in den Vordergrund stellt.
> - **Flexible HR-Mentalität**: Start-ups verlangen nach Agilität und Experimentierfreude. HR wird zum kreativen Problemlöser, der sich schnell an neue Herausforderungen anpasst und innovative Ansätze entwickelt, um Talente zu fördern und zu binden.
> - **Stabilität und Agilität balancieren**: HR meistert die Balance zwischen Prozessen, die Stabilität bieten, und der Flexibilität, die Raum für Wachstum und Innovation schafft. Diese duale Fähigkeit ist der Schlüssel zu nachhaltigem Erfolg.

- **HR als Brückenbauer:** HR verbindet Welten – die wissenschaftliche Präzision der Laborteams und die strategischen Anforderungen der Geschäftsführung. Es sorgt dafür, dass beide Seiten harmonisch zusammenarbeiten und voneinander profitieren. HR im Biotech-Start-up ist weit mehr ist als ein unterstützender Faktor – es ist das Herzstück, das Menschen, Prozesse und Visionen vereint, um gemeinsam Großes zu erreichen.

Literatur

Bertelsmann Stiftung (2025) Innovationskultur als Schlüssel für Resilienz und Erfolg: Neue Studie beleuchtet zentrale Erfolgsfaktoren. https://www.bertelsmann-stiftung.de/de/unsere-projekte/betriebliche-innovationspotenziale/projektnachrichten/innovationskultur-als-schluessel-fuer-resilienz-und-erfolg#:~:text=Inhalt,die%20Besch%C3%A4ftigten%20als%20ma%C3%9Fgeblichen%20Motivationsfaktor. Zugegriffen am 11.05.2025

BIO Deutschland (2020) Biotechnology Industry in Germany. https://www.biodeutschland.org/de/biothek-article/biotechnology-industry-in-germany.htm.l. Zugegriffen am 29.12.2024

BIO Deutschland (2022). https://www.biodeutschland.org/de/pressemitteilungen/innovative-biotechnologie-branche-fordert-ausbildung-und-zuwanderung-von-fachkraeften-fuer-die-zukunft.html. Zugegriffen am 23.03.2025

Bundesministerium für Wirtschaft und Klimaschutz (2024) Biotech-Industrie Branchenskizze. https://www.bmwk.de/Redaktion/DE/Artikel/Branchenfokus/Industrie/branchenfokus-biotechnologie.html. Zugegriffen am 29.12.2024

Dr. Frank Mathias, ehemaliger Vorsitzender von vfa bio (2023) Starke Biotech-Branche sorgt für Wachstum und mehr Beschäftigte. https://www.vfa.de/de/forschung-entwicklung/medizinische-biotechnologie/biotech-deutschland/wachstum. Zugegriffen am 11.05.2025

Gnam C, Geschäftsführer Innovations- und Gründerzentrum Biotechnologie (IZB) (2024). https://www.bio-m.org/mediathek/nachrichten/detail/detail/News/biotech-unternehmen-sind-die-risikoaffinsten-die-extremsportler-unter-den-start-ups.html. Zugegriffen am 29.12.2024

Rohner F (2023) 11. Startup Monitor: Das Wichtigste in Kürze. https://startup-mitteldeutschland.de/guides/startup-monitor-2023/. Zugegriffen am 29.12.2024

Startup Verband (2025) Deutscher Startup Monitor 2025. Zugegriffen am 27.06.2025

2

Agilität als Erfolgsfaktor in HR
Start-ups sind schnelllebig und unvorhersehbar. Agilität in HR ist unverzichtbar

„Agilität ist mehr als eine Methode, es ist eine Haltung – der Schlüssel, um im schnellen Takt der Start-up-Welt den Rhythmus vorzugeben."

Zusammenfassung Agilität ist der Schlüssel zu erfolgreicher HR-Arbeit in Start-ups, wo Dynamik und ständige Veränderung der Alltag sind. In einem Umfeld, das durch schnelles Wachstum und unvorhersehbare Anforderungen geprägt ist, muss HR Prozesse gestalten, die flexibel und anpassungsfähig sind, ohne dabei die Effizienz zu verlieren. Dabei geht es nicht nur um die Umsetzung skalierbarer Workflows oder datenbasierter Entscheidungen, sondern auch darum, eine agile Unternehmenskultur zu fördern, die Offenheit, Lernbereitschaft und Transparenz lebt. Besonders in innovationsgetriebenen Branchen wie Biotech wird HR zum strategischen Partner, der das Unternehmen nicht nur begleitet, sondern aktiv unterstützt, um die Herausforderungen der Zukunft zu meistern. Der Text beleuchtet, wie HR in diesem Umfeld flexibel und effizient agieren kann, und zeigt auf, welche Ansätze und technologischen Lösungen dabei unterstützen.

Wer in einem Biotech-Start-up arbeitet, weiß: Stabilität ist oft nur ein kurzes Zwischenhoch. Prozesse ändern sich im Wochentakt, Strategien werden neu ausgerichtet, Forschungsschwerpunkte verschieben sich – und das nicht selten, bevor sie überhaupt komplett dokumentiert sind.

In diesem Umfeld ist die einzige Konstante der Wandel.

Und genau deshalb braucht es etwas, das weit mehr ist als nur eine Methode oder ein Buzzword: nämlich Agilität.

Agilität ist nicht der hektische Versuch, jede neue Entwicklung panisch zu begleiten.

Es ist die Kunst, flexibel zu reagieren, ohne die Orientierung zu verlieren.

Es ist die Fähigkeit, mit Komplexität umzugehen, Entscheidungen auch ohne vollständige Informationen zu treffen und das Team trotz Ungewissheit in Bewegung zu halten.

Für HR bedeutet das: Prozesse, Strukturen und Denkmuster so zu gestalten, dass sie nicht nur mit dem Tempo des Unternehmens mithalten – sondern dieses Tempo überhaupt erst ermöglichen.

Willkommen im Maschinenraum der Zukunft
In den vergangenen Jahren hat sich HR gewandelt – von der reinen Verwaltungseinheit hin zum strategischen Enabler, von der Regelbewacher:in zur Möglichmacher:in.

Vor allem in Start-ups wird das besonders sichtbar. Wenn das Geschäftsmodell noch nicht fest zementiert ist, wenn Teams wachsen, fusionieren, sich neu formieren, dann steht HR häufig mittendrin. Und genau hier kommt Agilität ins Spiel: nicht als Reaktion auf das Chaos, sondern als Haltung im Umgang mit Unsicherheit.

Denn klar ist: Die klassische Planbarkeit, wie wir sie aus Konzernen kennen, funktioniert im Start-up nur begrenzt. Die Anforderungen an Talente ändern sich, Rollen verschieben sich, Budgets schwanken. Wer in dieser Dynamik starr an Prozessplänen und Organigrammen festhält, riskiert, mehr zu blockieren als zu bewegen. Agiles HR hingegen schafft Räume – für Entwicklung, für kreative Lösungen, für Wachstum.

Agilität bedeutet nicht Beliebigkeit
Lass uns gleich mit einem Missverständnis aufräumen: Agilität ist kein Freifahrtschein für Chaos. Im Gegenteil – sie braucht mehr Disziplin, mehr Reflexion und mehr Kommunikation als jedes traditionelle Modell. Denn agile HR-Arbeit basiert auf dem Prinzip, kontinuierlich zu lernen, zu iterieren und gemeinsam besser zu werden. Das geht nur, wenn wir Strukturen schaffen, die flexibel, aber nicht beliebig sind. Wenn wir Verantwortung klar definieren, aber Vertrauen vor Kontrolle stellen. Wenn wir Mitarbeitenden zutrauen, selbst zu denken und uns selbst, loszulassen.

In meiner Rolle als HR-Leiterin in einem Biotech-Start-up habe ich erlebt, wie entscheidend dieser Perspektivwechsel ist. Wir haben aufgehört, Personalentwicklung als linearen Karrierepfad zu denken. Stattdessen arbeiten wir mit Entwicklungslandschaften, in denen Menschen selbst navigieren können. Wir setzen auf Feedback-Loops statt auf starre Jahresgespräche. Und wir gestalten Onboarding-Prozesse so, dass sie auch dann funktionieren, wenn das Team nächste Woche schon ganz anders aussieht.

Die Biotech-Welt ist komplex. Forschung braucht Freiraum, interdisziplinäre Zusammenarbeit, rasche Erkenntnisse und ständige Anpassung. Wer hier HR als reinen Verwaltungsapparat denkt, hat den Anschluss längst verloren. Was wir brauchen, ist ein HR als People-Bereich, der mit der gleichen Leidenschaft für Entwicklung brennt wie die Mitarbeitenden in den Laboren. Der experimentiert, ausprobiert, sich korrigiert und dabei nicht den Menschen aus dem Blick verliert.

> **Was ist Agilität?**
> „Agilität ist die Gewandtheit, Wendigkeit oder Beweglichkeit von Organisationen und Personen bzw. in Strukturen und Prozessen. Man reagiert flexibel auf unvorhergesehene Ereignisse und neue Anforderungen. Man ist, etwa in Bezug auf Veränderungen, nicht nur reaktiv, sondern auch proaktiv" (Bendel 2019).

Externe Treiber wie technologischer Wandel, Digitalisierung, steigende Dynamik und Komplexität des Marktes sowie veränderte Kundenbedürfnisse zwingen Unternehmen dazu, ihre Strukturen und Prozesse kontinuierlich anzupassen. Gleichzeitig offenbaren interne Faktoren wie bürokratische Hürden, Risikoaversion und ungenutzte Innovationspotenziale die Notwendigkeit für agilere Ansätze.

Externe Treiber für Agilität

- **Technologischer Wandel und Digitalisierung:** Die rasante Entwicklung neuer Technologien und die fortschreitende Digitalisierung beeinflussen maßgeblich die Geschäftsmodelle von Biotech-Start-ups. Durch den Einsatz moderner Informations- und Kommunikationstechnologien entstehen digitale Prozesse, die die traditionellen Arbeitsweisen transformieren. Diese Veränderungen erfordern von Unternehmen eine hohe Anpassungsfähigkeit, um wettbewerbsfähig zu bleiben.
- **Steigende Dynamik und Komplexität:** Die zunehmende Vernetzung und die Vielzahl verfügbarer Informationen führen zu einer erhöhten Komplexität in der Geschäftswelt. Unternehmen müssen in der Lage sein, schnell auf Veränderungen zu reagieren und komplexe Zusammenhänge zu bewältigen. Agilität ermöglicht es, flexibel auf Marktveränderungen zu reagieren und innovative Lösungen zu entwickeln (Häusling et al. 2019).

Interne Treiber für Agilität

- **Bürokratie:** Biotech-Start-ups erkennen zunehmend, dass traditionelle Strukturen ihre Innovationsfähigkeit hemmen. Die Notwendigkeit, schnell auf wissenschaftliche Durchbrüche und Marktveränderungen zu reagieren, erfordert flexible Prozesse. Studien zeigen, dass eine starre Bürokratie den Output reduziert und die Produktentwicklung verlangsamt (VCI Mitgliederumfrage Mittelstand 2024). Durch die Einführung agiler Methoden können diese Unternehmen effizienter arbeiten und den Kundennutzen steigern.
- **Fachkräftemangel und demografische Entwicklungen:** Der Wettbewerb um hoch qualifizierte Fachkräfte ist in der Biotechnologie besonders intensiv. Aktuelle Untersuchungen betonen, dass talentierte Expert:innen ein modernes, agiles Arbeitsumfeld bevorzugen. Start-ups, die agile Prinzipien implementieren, positionieren sich attraktiver für potenzielle Mitarbeitende und stärken ihre Arbeitgebermarke. Dies ist entscheidend, um die besten Talente zu gewinnen und langfristig zu binden.
- **Wertewandel:** Die neue Generation von Mitarbeitenden legt großen Wert auf kulturelle Übereinstimmung mit ihrem Arbeitgeber. Eine posi-

> tive Arbeitsatmosphäre und Anerkennung der eigenen Leistung sind zentrale Faktoren. Biotech-Start-ups, die agile Werte wie flache Hierarchien, partizipative Entscheidungsprozesse und Transparenz fördern, sprechen diese Bedürfnisse direkt an und schaffen ein Umfeld, das sowohl aktuelle als auch zukünftige Mitarbeitende motiviert.
> - **Individualisierung**: Die Belegschaften in Biotech-Start-ups sind heterogen, mit vielfältigen Hintergründen und Spezialisierungen. Agile Methoden ermöglichen es, auf individuelle Stärken einzugehen und maßgeschneiderte Entwicklungswege zu bieten. Dies fördert nicht nur die persönliche Weiterentwicklung, sondern steigert auch die Gesamtleistung des Teams. Durch die Anpassung an die individuellen Bedürfnisse der Mitarbeitenden können Start-ups ihre Innovationskraft maximieren und sich erfolgreich im wettbewerbsintensiven Biotechnologie-Sektor positionieren (Häusling et al. 2019).
>
> Für Biotech-Start-ups ist es essenziell, sowohl externe als auch interne Treiber für Agilität zu erkennen und entsprechende Maßnahmen zu ergreifen.

Die zunehmende Notwendigkeit von Agilität, der Fachkräftemangel und der Wertewandel in der Arbeitswelt stellen Biotech-Start-ups vor weitere Herausforderungen. Während technologische Innovationen und Marktdynamiken schnelle Anpassungen erfordern, muss auch die interne Organisation darauf reagieren.

Agilität in HR bedeutet
- **Reaktionsschnelligkeit**: Wenn sich die Marktlage, das Budget oder regulatorische Rahmenbedingungen ändern, muss HR blitzschnell gegensteuern können – mit neuen Recruitingstrategien, angepassten Weiterbildungsformaten oder kurzfristigen Vertragslösungen.
- **Lernbereitschaft**: Agiles Arbeiten heißt auch, Fehler zuzulassen und daraus zu lernen. Das gilt für die Organisation genauso wie für die HR-Arbeit selbst. Nicht alles klappt auf Anhieb, aber alles kann besser werden.
- **Kollaboration**: Agile HR ist nicht der einsame Strategieturm, sondern wirkt mitten im Unternehmen. Interdisziplinäre Zusammenarbeit, crossfunktionale Teams, Peer-Coaching – das ist kein Add-on, sondern der Kern moderner HR-Arbeit.

- **Empowerment**: Mitarbeitende übernehmen Verantwortung für ihre Entwicklung. HR schafft die Rahmenbedingungen durch Transparenz, durch Tools, durch Dialog.
- **Führung** in einem agilen Setting bedeutet vor allem: zuhören, loslassen, fördern.

Warum HR hier den Takt vorgibt
HR ist oft der erste Bereich, der spürt, wenn die Organisation nicht mehr im Gleichgewicht ist. Wenn Konflikte zunehmen, Fluktuation steigt oder Teams ins Stocken geraten, dann ist das kein individuelles Problem, sondern ein strukturelles. In agilen Organisationen ist HR nicht nur Krisenmanager:in, sondern Architekt:in der Veränderung. HR baut die Brücken zwischen Vision und Realität, zwischen Strategie und Kultur. Und zwar so, indem wir mitgehen und manchmal auch vorangehen.

Natürlich kann das anstrengend sein. Es erfordert Mut, neue Wege zu gehen. Es verlangt, Bestehendes infrage zu stellen. Und es braucht Teams, die sich trauen, auch unbequeme Fragen zu stellen. Aber genau darin liegt die Kraft agiler HR-Arbeit: Sie ermöglicht nicht nur Anpassung, sondern auch Gestaltung.

Am Ende ist Agilität kein Methodenkoffer, den man auspackt, wenn es brennt.

Es ist eine Haltung. Eine, die auf Vertrauen basiert. Auf echter Zusammenarbeit. Und auf der Überzeugung, dass Menschen wachsen, wenn man sie lässt.

HR in einem Biotech-Start-up ist nicht die Komfortzone. Es ist ein Möglichkeitsraum. Wer hier gestalten will, muss beweglich sein, neugierig bleiben und bereit sein, täglich dazuzulernen. Agilität hilft uns dabei, diesen Raum zu nutzen – nicht trotz, sondern gerade wegen der Unsicherheiten.

Wie sollte zum Beispiel Recruiting, Talentmanagement und Unternehmenskultur gestaltet werden, um diesen Entwicklungen gerecht zu werden? Tab. 2.1 gibt einen Überblick über die meist genutzten agilen Tools.

Agilität ist kein Selbstzweck. Nicht jede Methode passt zu jedem Unternehmen und schon gar nicht auf Knopfdruck. Wer agile Methoden

Tab. 2.1 Überblick über die verbreitetsten agilen Arbeitsmethoden. (Grübl 2025)

Agile Methode	Vorteil
Lean	Reduziert Verschwendung von Ressourcen und steigert den Kund:innen-Nutzen
Design Thinking	Stellt den bzw. die Benutzer:in in den Mittelpunkt und fördert kreative Problemlösungen.
Scrum	Fördert eine strukturierte, iterative Entwicklung mit regelmäßigen Feedback-Schleifen.
Kanban	Ermöglicht einen kontinuierlichen Workflow und Flexibilität bei der Aufgabenpriorisierung.
Scrumban	Kombiniert die Struktur von Scrum mit der Flexibilität von Kanban für dynamische Projekte.
Objectives and Key Results (OKR) Kap. 4	Fördert klare Zielsetzungen im gesamten Team, sodass mehr Fokus auf den Ergebnissen liegt.
Extreme Programming (XP)	Verbessert die Softwarequalität durch kontinuierliche Integration und Feedback sowie enge Zusammenarbeit im Team.

in HR etablieren will, sollte sich eine entscheidende Frage stellen: Was brauchen wir wirklich?

Es geht nicht darum, blind Scrum, Kanban oder OKRs einzuführen, weil es gerade alle machen. Sondern darum, bewusst zu wählen, was zur Kultur, zur Größe und zur Dynamik des Unternehmens passt. Ein Start-up tickt anders als ein gewachsener Mittelständler.

Praxis Tipp:

Statt die nächste Buzzword-Methode zu implementieren, lieber innehalten. Analysieren. Gemeinsam mit dem Team reflektieren: Wo stehen wir? Wo wollen wir hin? Und welche agile Praxis bringt uns dabei weiter?

Wie agiert ein agiles HR Team?

Agile HR ist weit mehr als ein Modewort oder eine kurzfristige Methodik. Es ist eine tiefgreifende Veränderung der Denkweise, wie HR agiert, strukturiert ist und zur Wertschöpfung im Unternehmen beiträgt. Im Zentrum steht nicht mehr nur die effiziente Verwaltung von Personal, sondern die gezielte Unterstützung von Anpassungsfähigkeit, Innovation und Mitarbeiterzentrierung in einer sich stetig wandelnden Arbeitswelt.

1. Agile HR – Grundprinzipien und Haltung

Agilität in der HR bedeutet:

- Kundenzentrierung: Die „Kund:innen" von HR sind die Mitarbeitenden und Führungskräfte und somit stehen ihre Bedürfnisse im Zentrum.
- Iteratives Arbeiten: Prozesse werden kontinuierlich überprüft und in kleinen, schnellen Zyklen angepasst.
- Selbstorganisierte Teams: HR unterstützt Strukturen, in denen Teams eigenverantwortlich arbeiten können.
- Transparenz und Feedback: Offenheit in der Kommunikation, regelmäßige Retrospektiven und Feedbackrunden sind selbstverständlich.
- Schnelles Lernen und Anpassung: Es geht darum, durch Experimente und Lernen schnell besser zu werden – nicht um Perfektion im ersten Anlauf.

2. Agile Workforce Planning – Flexible Personalplanung

Agile Workforce Planning bedeutet, Personalstrategien nicht mehr starr für Jahre zu planen, sondern dynamisch an sich verändernde Geschäftsbedarfe anzupassen.

- Rolling Forecasts statt starrer Jahresplanung
- Bedarfsorientierte Teams: HR hilft, Teams temporär um Aufgaben zu strukturieren, nicht entlang klassischer Abteilungen
- Skill-based statt Stellen-orientierte Planung: Fokus auf Kompetenzen, nicht auf Stellenprofile
- Engere Verzahnung mit Geschäftsstrategie: HR ist aktiver Sparringspartner der Geschäftsführung auf Augenhöhe

3. Agiles Recruiting – Schnell, flexibel und passgenau

In agilen Organisationen verändert sich auch die Art, wie Talente rekrutiert werden:

- Crossfunktionale Recruiting-Teams: Recruiter:innen, Fachabteilungen und HR arbeiten gemeinsam in interdisziplinären Teams
- Candidate Personas: Zielgruppenorientierung und datenbasierte Ansprache
- Kurze Feedbackzyklen: Bewerbungsprozesse mit wenigen, iterativen Auswahlrunden statt monatelanger Assessmentcenter
- Kollaborative Auswahlprozesse: Peer Interviews und Teamentscheidungen
- Minimum Viable Hiring: So viel prüfen wie nötig, nicht wie möglich – Schnelligkeit und Passung sind entscheidend

4. **Lernen & Entwicklung – Iterativ, individualisiert, praxisnah**

Lebenslanges Lernen ist in agilen Organisationen kein Buzzword, sondern gelebte Realität:

- Learning Sprints: Lerninhalte werden in kleinen Einheiten geplant, durchgeführt und evaluiert
- Peer Learning & Communities of Practice: Kolleg:innen lernen voneinander, in organisierten Austauschformaten
- On-the-job Learning: Lernen ist Teil des Arbeitsalltags, z. B. durch Job-Rotation oder Shadowing
- Microlearning & digitale Lernformate: Häppchenweise, mobil und auf die Bedürfnisse zugeschnitten
- Feedback-getriebenes Lernen: Lernziele werden dynamisch angepasst. Lernen folgt dem Bedarf, nicht starren Jahresplänen.

5. **Bewertung & Vergütung – Dynamisch und auf Ziele ausgerichtet**

Agile HR hinterfragt klassische Jahresgespräche und standardisierte Bonusmodelle:

- OKRs (Objectives & Key Results): Ziele werden regelmäßig neu gesetzt, sind ambitioniert und transparent
- Continuous Performance Management: Kontinuierliches Feedback ersetzt das einmal jährliche Mitarbeitergespräch

- Team- und Projektboni statt individueller Prämien
- Transparente Vergütungsmodelle: Orientierung an Marktwert und Leistung, nachvollziehbar für alle

6. **Rolle von HR im agilen Unternehmen**

   - HR wird in agilen Organisationen zum Enabler, Coach und Sparringspartner:in
   - HR als Coach: Begleitet Teams in ihrer Entwicklung, Moderation von Retrospektiven oder Konflikten
   - HR als Change-Partner: Unterstützt kulturellen Wandel und begleitet Transformationen
   - HR als Treiber von Empowerment: Schafft Rahmenbedingungen, damit Mitarbeitende selbstverantwortlich agieren können

7. **Agile HR einführen – Tipps aus der Praxis**

   - Klein anfangen: Pilotbereiche oder einzelne HR-Prozesse agil gestalten.
   - Training & Bewusstseinsarbeit: Agile Prinzipien intern vermitteln.
   - HR-Team befähigen: HR selbst muss Agilität leben, bevor sie andere darin unterstützt.
   - Führungskräfte einbinden: Ohne Mindset-Veränderung in der Führung scheitert Agilität.

Der HR Report (Hays 2018) befasst sich mit dem Thema Agile Organisation und ist eine empirische Studie des Instituts für Beschäftigung und Employability IBE für Deutschland, Österreich und die Schweiz.

Bei der Frage nach der Bedeutung und der Nutzung einzelner agiler Methoden zeigt sich ein Alterseffekt. Nur 17 % der jüngeren Befragten bis 40 Jahre schätzen die agilen Methoden als nicht wichtig ein.

Bei den über 50-Jährigen sind dies schon 36 %. 23 % dieser Altersgruppe geben zudem an, es finde keinerlei Umsetzung statt (verglichen mit 20 % bei den 40- bis 49-Jährigen und 17 % bei den unter 40-Jährigen).

Und auch bei den einzelnen agilen Methoden zeigt sich eine deutlich ausgeprägtere Kenntnis in den beiden jüngeren Gruppen.

Für HR bedeutet das in der Praxis, dass eine gezielte und differenzierte Strategie notwendig ist, um agile Methoden erfolgreich im Unternehmen zu verankern.
Als konkrete Massnahmen seien hier genannt:

1. **Gezielte Weiterbildung & Schulungen**

- Ältere Mitarbeitende gezielt unterstützen, um die Vorteile agiler Methoden zu verstehen und anzuwenden.
- Jüngere Mitarbeitende sollten ermutigt werden, ihre agile Denkweise weiterzuentwickeln und als Multiplikatoren im Unternehmen zu agieren.

2. **Change-Management & Kulturwandel fördern**

- Widerstände gegen agile Methoden können durch gezieltes Change-Management adressiert werden.
- Eine offene Fehlerkultur und iterative Lernprozesse in der Unternehmenskultur verankern.

3. **Flexible Strukturen schaffen**

- HR sollte die Organisationsstruktur so gestalten, dass agile Arbeitsweisen sinnvoll integriert werden können, z. B. durch crossfunktionale Teams, flache Hierarchien oder OKR (Objectives and Key Results).

4. **Diversity & Intergenerationelle Zusammenarbeit fördern**

- Der Altersunterschied in der Akzeptanz agiler Methoden zeigt, dass HR bewusst generationsübergreifende Teams bilden und Mentoring-Programme anbieten sollte, um den Wissenstransfer zu verbessern.

5. **Neue Führungsmodelle etablieren**

- Klassische hierarchische Führung stößt in agilen Organisationen an ihre Grenzen. HR sollte die Führungskräfte unterstützen, eine coachende und befähigende Rolle einzunehmen, anstatt top-down zu agieren.

Es ist essenziell, dass HR die Transformation aktiv begleitet, die Mitarbeitenden mitnimmt und Strukturen schafft, die den Einsatz von agilen Methoden ermöglichen und die generationsübergreifende Akzeptanz fördern.

Die hohe Dynamik, das Treffen von schnellen Entscheidungen und die stetigen Veränderungen bringen Chancen als auch Herausforderungen mit sich. HR in einem solchen Umfeld erfordert ein hohes Maß an Flexibilität, Kreativität und Effizienz, um das Wachstum des Unternehmens aktiv zu unterstützen. Prozesse sollten so gestaltet werden, dass sie sich den schnellen Entwicklungen anpassen, ohne das Unternehmen auszubremsen.

In Start-ups ändern sich die Anforderungen oft von Tag zu Tag. Ein neues Projekt, eine unerwartete Marktentwicklung oder eine Finanzierungsrunde können plötzlich andere Prioritäten setzen.

HR-Prozesse dürfen nicht starr und unflexibel sein, sondern sollten sich modular und dynamisch gestalten lassen. Anstelle einer linearen Struktur sollten Prozesse aus anpassbaren Bausteinen bestehen.

Was bedeutet Agilität in der Praxis?

- **Modularität statt Linearität:** HR-Prozesse wie Rekrutierung oder Onboarding sollten nicht starr an eine feste Abfolge gebunden sein. Sie können in Module unterteilt werden, die je nach Situation angepasst werden. Ein Beispiel: Der Recruiting-Prozess kann bei Bedarf verkürzt werden, indem zum Beispiel nur zwei statt vier Interviews geführt werden.
- **Iterative Ansätze:** Agile Methoden aus der Softwareentwicklung können auf HR-Prozesse übertragen werden. Ein Beispiel dafür ist der Onboarding-Prozess. Dieser könnte zu Beginn in einer einfachen Version gestartet werden, die nur die wichtigsten Schritte umfasst. Danach wird er regelmäßig auf Basis von Feedback neuer Mitarbeitenden verbessert, um ihn kontinuierlich zu optimieren. Ziel ist es, den Prozess immer weiter anzupassen und zu verbessern, damit er immer besser funktioniert.
- **Echtzeit-Feedback nutzen:** Eine kontinuierliche Rückkopplung von Mitarbeitenden und Führungskräften ermöglicht es, Prozesse dynamisch weiterzuentwickeln. Echtzeit-Feedback von Mitarbeitenden und Führungskräften spielt dabei eine zentrale Rolle, um Prozesse ständig weiterzuentwickeln und Engpässe frühzeitig zu erkennen. Tools wie Umfragen oder regelmäßige kurze Check-ins schaffen eine Kultur, in der Flexibilität selbstverständlich wird.

In etablierten Unternehmen sind langfristige Personalpläne und Jahresziele der Standard. Start-ups hingegen müssen mit ständigen Veränderungen umgehen und verschieben häufig die HR-Prioritäten innerhalb kürzester Zeit.

Welche agilen Personalinstrumente kann HR einsetzen?
Eine Auswahl an Tools, die in HR eingesetzt werden, möchte ich hier beispielhaft nennen.

- **Johari Fenster**: Das Johari Fenster sagt aus, dass es bewusste und unbewusste Verhaltens- und Persönlichkeitsmerkmale gibt. Diese stellt das Fenster in 4 Feldern dar. Je mehr sich die Selbst- und Fremdwahrnehmung überschneiden, desto besser funktioniert die Kommunikation und Interaktion mit anderen.
- **Retrospektive**: Die Retrospektive hilft, gemeinsam und in regelmäßigen Abständen die Zusammenarbeit und Ergebnisse aus der Vergangenheit kritisch zu hinterfragen und konstruktiv zu bewerten. Diese Fragen können dabei helfen: was ist gut gelaufen, wo wird Verbesserungspotenzial gesehen und welche Massnahmen sind dafür umzusetzen.
- **Plus/Delta**: Ist ein Tool, dass dabei unterstützt, konstruktives Feedback für Konzepte, Produkte, Massnahmen oder Meetings einzuholen. Es wird hinterfragt, was kann verbessert werden und nicht was ist schiefgelaufen.
- **Team-Skill-Matrix**: Das Ziel ist es, den Wissenstransfer und die Weiterentwicklung des Teams zu fördern. Auf spielerische Weise wird gemeinsam herausgefunden, welche Fähigkeiten und Kenntnisse im Team benötigt werden, wie sie derzeit verteilt sind und wo Entwicklungspotenzial besteht.
- **Personal Map**: Sie basiert auf der Methode der Mind-Maps und hilft, einander besser kennenzulernen. Sie kann in bestehenden oder auch neuen Teams eingesetzt werden und ermöglicht ein besseres Verständnis im Team füreinander.

Eine umfassende Übersicht über agile Personalinstrumente ist im Praxisbuch Agilität (Häusling et al. 2019) zu finden.

Schnell agieren und planen: Umgang mit sich ständig verändernden Anforderungen
Prioritäten flexibel anpassen: Ein agiles HR-Team nutzt Tools wie digitale Kanban-Boards, um Aufgaben nach Dringlichkeit und Wichtigkeit zu priorisieren. So ist jederzeit sichtbar, welche Aktivitäten am dringendsten sind.

Cross-funktionale Zusammenarbeit: HR ist wirklich wirksam, wenn das Büro verlassen und dahin gegangen wird, wo das Business pulsiert. Wenn HR als Sparringspartner:in statt Dienstleister:in agiert. Ein proaktives Zugehen auf die Fachbereiche, zuhören und die richtigen Fragen stellen. HR arbeitet eng mit anderen Teams zusammen, um deren spezifische Bedürfnisse frühzeitig zu erkennen.

Tipp: Etablierung von regelmäßigen Touchpoints mit Führungskräften. Keine Reports, sondern echte Gespräche. So werden die Bedarfe erkannt, bevor sie zu Problemen werden.

Daten nutzen: Mithilfe datenbasierter Analysen können Trends wie erhöhte Fluktuation, steigende Überstunden oder mangelnde Bewerberzahlen rechtzeitig erkannt und adressiert werden. So bleibt HR handlungsfähig und proaktiv.

Workflows, die wachsen: Ein häufiger Fehler in Start-ups ist es, HR-Prozesse zu komplex oder zu minimalistisch zu gestalten. Während in der Anfangsphase oft improvisiert wird, sind diese Ansätze mit zunehmender Unternehmensgröße ineffizient. Skalierbare HR-Prozesse ohne Effizienzverlust sind entscheidend, um langfristig den Erfolg zu sichern.

Bei der Skalierung von Workflows gilt es drei Aspekte besonders zu beachten:

- **Automatisierung:** Technologien wie Applicant Tracking Systems (ATS) oder Onboarding-Tools automatisieren wiederkehrende Aufgaben und reduzieren den manuellen Aufwand. Ein Beispiel ist die automatische Verwaltung von Bewerbungen, die Zeit spart und Fehler minimiert.
- **Standardisierung:** Standardisierte Prozesse wie einheitliche Vertragsvorlagen, Schulungsmaterialien oder Onboarding-Pläne schaffen eine solide Grundlage, die leicht erweitert werden kann.
- **Fokus auf kritische Prozesse:** Nicht alle Abläufe und Vorgänge müssen zu Beginn perfekt sein. Anfangs liegt der Schwerpunkt auf Recruiting, Sicherstellung der administrativen HR Tätigkeiten wie Verträge, Onboarding und Performance-Management. Später werden die nicht so dringlichen Prozesse optimiert.

Praxisbeispiel: Ein Biotech-Start-up nutzt eine zentrale digitale Plattform, um alle HR-Prozesse – von der Bewerbung bis zur Gehaltsabrechnung abzubilden. Dies stellt sicher, dass neue Mitarbeitende schnell integriert werden können, selbst wenn die Belegschaft rasant wächst.

Der kulturelle Faktor: Agilität ist nicht nur ein Prozess, sondern eine Denkweise, die das gesamte Unternehmen durchdringen sollte, Agilität als wichtiger Bestandteil der Unternehmenskultur. HR spielt eine zentrale Rolle dabei, diese Kultur zu fördern und vorzuleben.

Wie wird Agilität ein Teil der Unternehmenskultur?

- Transparenz schaffen: Offene Kommunikation über Prioritäten, Veränderungen und Herausforderungen sorgt dafür, dass Mitarbeitende die Beweggründe für Entscheidungen verstehen und mittragen.
- Lernkultur etablieren: Fehler sollten nicht bestraft, sondern als Chance zum Lernen betrachtet werden. Regelmäßige Retrospektiven und Schulungen fördern die Bereitschaft, sich schnell anzupassen.
- Vorbildfunktion übernehmen: HR sollte selbst agil agieren und flexibel auf die Bedürfnisse der Teams eingehen. Dies kann durch die Einführung von Pilotprojekten oder die schnelle Anpassung von Richtlinien unter Beweis gestellt werden.

Praxisbeispiel: Das HR-Team in einem Biotech-Start-up bietet regelmäßige „Lessons Learned"-Meetings an, bei denen alle Mitarbeitenden Feedback zu aktuellen Prozessen geben können. Dies stärkt nicht nur die Agilität, sondern fördert auch den Zusammenhalt im Team.

Key Takeaways

Warum Agilität in HR?

- Agilität bedeutet Anpassungsfähigkeit an Veränderungen und proaktives Handeln.
- Externe Treiber (Technologie, Digitalisierung, Marktdynamik) und interne Faktoren (Bürokratie, Fachkräftemangel, Wertewandel) fordern flexible Strukturen.
- Besonders für Biotech-Start-ups ist Agilität essenziell, um die Innovationskraft und Wettbewerbsfähigkeit zu sichern.

Praktische Umsetzung in HR

- **Modularität statt starre Prozesse**: HR-Prozesse wie Recruiting oder Onboarding flexibel anpassen.
- **Iterative Ansätze**: Prozesse kontinuierlich optimieren (z. B. Onboarding durch regelmäßiges Feedback verbessern).
- **Echtzeit-Feedback**: Kontinuierliche Anpassung von HR-Prozessen basierend auf Mitarbeiterfeedback.
- **Agile Personalinstrumente**: Tools wie Johari-Fenster, Retrospektiven, Team-Skill-Matrix und Personal Maps fördern Zusammenarbeit und Weiterentwicklung.
- **Datenbasierte Entscheidungen**: Analytics nutzen, um Trends (z. B. hohe Fluktuation) frühzeitig zu erkennen und gegenzusteuern.

Herausforderungen & Chancen für HR

- **Generationsübergreifende Akzeptanz**: Jüngere Generationen sind offener für agile Methoden als ältere. HR sollte gezielte Schulungen anbieten und Change-Management betreiben.
- **Cross-funktionale Zusammenarbeit**: HR sollte eng mit den Fachabteilungen zusammenarbeiten, um flexibel und zielorientiert auf deren Bedürfnisse zu reagieren.
- **Flexible Strukturen und Prozesse**: Modulare HR-Prozesse ermöglichen eine schnellere Anpassung an neue Anforderungen.
- **Diversity und generationsübergreifende Zusammenarbeit fördern**: Mentoring-Programme und intergenerationelle Teams erleichtern Wissenstransfer.
- **Neue Führungsmodelle etablieren**: Weg von hierarchischer Führung, hin zu Coaching und Empowerment.

Die Rolle von HR in agilen Organisationen

- HR sollte aktiv den kulturellen Wandel vorantreiben, indem es Agilität vorlebt.
- Erfolgreiche agile HR-Teams kombinieren Flexibilität mit Effizienz, um das Unternehmenswachstum zu unterstützen.
- Der Schlüssel zum Erfolg liegt in der Schaffung einer offenen, lernenden und anpassungsfähigen Unternehmenskultur.

HR wird so zum Herzstück der agilen Organisation – nicht als Verwalter:in, sondern als Möglichmacher:in. Und das ist genau das, was moderne Unternehmen heute brauchen.

Literatur

Bendel O (2019). https://wirtschaftslexikon.gabler.de/definition/agilitaet-99882/version-368852. Revision von Agilität vom 07.01.2019 – 17:47. Zugegriffen am 30.12.2024

Grübl A (2025). https://factorialhr.de/blog/agile-methoden/#agile-methoden. Zugegriffen am 23.03.2025

Häusling A, Römer E, Zeppenfeld N (2019) Praxisbuch Agilität Haufe Group, Freiburg

Hays HR-Report 2018: Schwerpunkt Agile Organisation auf dem Prüfstand (2018). https://www.hays.de/personaldienstleistung-aktuell/studie/hr-report-2018-schwerpunkt-agile-organisation-auf-dem-pruefstand. Zugegriffen am 09.02.2025

VCI-Mitgliederumfrage – Auswertung Mittelstand (2024). https://www.vci.de/services-vci-online/vci-suche/suchergebnisseite.jsp?sE=true. Zugegriffen am 09.02.2025

3

Rekrutierung in der Wissenschaft

Strategien und Tipps zur Gewinnung der besten Talente im Biotech-Bereich

„In einer Welt voller Möglichkeiten suchen wir nach Menschen, die diese mitgestalten wollen. Gemeinsam verändern wir die Welt."

Zusammenfassung Die Rekrutierung in der Wissenschaft stellt Unternehmen vor besondere Herausforderungen. Hochqualifizierte Fachkräfte sind rar, die Konkurrenz ist groß, und klassische Recruiting-Methoden greifen oft zu kurz. Besonders im Biotech-Bereich erfordert die Talentgewinnung eine gezielte Strategie, die sowohl die spezifischen Anforderungen der Branche als auch die Erwartungen der Kandidat:innen berücksichtigt. Welche praxisnahen Strategien und erprobten Tipps gibt es, um die besten Talente zu gewinnen – von zielgerichtetem Employer Branding über effektive Active-Sourcing-Methoden bis hin zu einer positiven Candidate Experience. Entscheidend ist, wer die passenden Menschen anzieht und langfristig bindet, wird in einem innovativen und dynamischen Umfeld erfolgreich sein.

Die Biotechnologie-Branche befindet sich im Herzen wissenschaftlicher Innovationen und technologischer Durchbrüche. Um in diesem hoch

Abb. 3.1 Zahl der Beschäftigten in der medizinischen Biotechnologie weiter auf hohem Niveau. (Quelle: Bureau van Dijk; vfa-Mitgliedsunternehmen; BCG 2024)

spezialisierten und wettbewerbsintensiven Umfeld erfolgreich zu sein, ist es entscheidend, die besten Talente zu gewinnen und langfristig zu halten. Doch die Rekrutierung in der Wissenschaft ist eine anspruchsvolle Aufgabe, die weit über die traditionellen Methoden hinausgeht. Der Mangel an qualifizierten Fachkräften, die hohen Anforderungen an wissenschaftliche Exzellenz und die starke Konkurrenz zwischen Unternehmen erfordern kreative Ansätze, gezielte Vertrauensbildung und durchdachte Entwicklungsprogramme.

In Deutschland waren 2023 in der medizinischen Biotechnologie insgesamt 139 Unternehmen tätig, die eigene Medikamente entwickeln und teilweise auch vermarkten – ein Anstieg um 3 % gegenüber dem Vorjahr (2022, S. 135). Die Zahl der Beschäftigten wuchs um 2,4 % auf ca. 51.200 – ein Plus von ca. 1200 Mitarbeiter:innen im Vergleich zum Vorjahr. Der bereits über mehrere Jahre anhaltende positive Beschäftigungstrend setzt sich somit fort, wenn auch etwas langsamer als im Jahr 2022, siehe Abb. 3.1 (vfa, Boston Consulting Group 2024).

Die Rekrutierung in der Wissenschaft stellt Unternehmen vor besondere Herausforderungen: Hochqualifizierte Fachkräfte sind rar, die Konkurrenz ist groß, und klassische Recruiting-Methoden greifen oft zu kurz. Besonders im Biotech-Bereich erfordert die Talentgewinnung eine gezielte Strategie, die sowohl die spezifischen Anforderungen der Branche als auch die Erwartungen der Kandidat:innen berücksichtigt.

Welche praxisnahen Strategien und erprobten Tipps gibt es, um die besten Talente zu gewinnen – von zielgerichtetem Employer Branding über effektive Active-Sourcing-Methoden bis hin zu einer positiven Candidate Experience.

Denn nur wer die richtigen Menschen anzieht und langfristig bindet, kann in einem innovativen und dynamischen Umfeld erfolgreich sein.

Finden statt Suchen: Kreative Ansätze zur Talentrekrutierung
Im Biotech-Bereich sind viele der besten Talente nicht aktiv auf Jobsuche. Sie sind tief in ihre Forschungsprojekte eingebunden, haben akademische Laufbahnen eingeschlagen oder fühlen sich bei ihrem aktuellen Arbeitgeber wohl.

Genau hier liegt die Herausforderung für Unternehmen, die Mitarbeitende suchen. Wie erreicht man diese Fachkräfte, wenn sie nicht auf klassischen Jobbörsen nach neuen Möglichkeiten suchen?

Die Antwort liegt in einer strategischen, kreativen und vor allem proaktiven Herangehensweise.

1. Active Sourcing: Direkt auf Talente zugehen
Anstatt darauf zu warten, dass sich Kandidat:innen bewerben, gezielt auf sie zugehen:

- LinkedIn & ResearchGate nutzen: Wissenschaftler:innen präsentieren dort ihre Forschungsergebnisse und diese nutzen, um direkt ins Gespräch zu kommen.
- Peer-Netzwerke aktivieren: Mitarbeitende aus dem eigenen Unternehmen können oft Kontakte aus früheren Forschungstätigkeiten oder Studiengängen empfehlen. Als Anreiz kann es ein Mitarbeitenden-Empfehlungs-Programm geben, dass finanziellen Anreiz auslobt pro erfolgreicher Empfehlung.
- Fachkonferenzen und Symposien nutzen: Den persönlichen Kontakt auf wissenschaftlichen Veranstaltungen suchen.

2. Unkonventionelle Recruiting-Wege nutzen

Neben den klassischen Karriereplattformen gibt es weitere Wege, um Talente zu gewinnen:

2.1 Hackathons & Innovationswettbewerbe: Talente in Aktion erleben

Hackathons, Bio-Entrepreneurship-Challenges oder wissenschaftliche Ideation Workshops bieten eine ideale Bühne, um Talente in einem praxisnahen Umfeld kennenzulernen. Hier steht nicht der Lebenslauf im Vordergrund, sondern die Fähigkeit, Probleme kreativ zu lösen, interdisziplinär zu denken und im Team zu performen.

Warum das funktioniert: In der Biotechnologie sind Teamgeist, wissenschaftliches Denken und kreative Problemlösung entscheidend. Ein Hackathon bringt genau diese Kompetenzen ans Licht – ganz ohne Bewerbungsgespräch. So wird der Recruitingprozess menschlicher, unmittelbarer und passgenauer.

Praxis-Tipp: Organisation eines themenbezogenen Hackathons zu einer Fragestellung aus der Forschung oder Entwicklung. Es können Kooperationen mit Hochschulen oder Acceleratoren angeboten sowie gemischte Teams aus Studierenden, Postdocs und Professionals gefördert werden. Und: Die Fachexpert:innen aus dem eigenen Unternehmen stehen als Mentoren zur Verfügung.

Hier einige Vorschläge für mögliche Fragen für Hackathons:

- Wie lassen sich Laborprozesse mit KI optimieren?
- Welche innovativen Anwendungsfelder ergeben sich aus CRISPR/Cas* für seltene Krankheiten? (*ist eine revolutionäre Gentechnologie, mit der sich das Erbgut von Organismen gezielt und präzise verändern lässt).
- Wie kann die Patientendatenanalyse in der personalisierten Medizin verbessert werden?

2.2 Scientific Meetups & Networking-Events: Talenten im Dialog begegnen

Fachliche Meetups, After-Lab-Talks oder Community-Treffen sind wahre Goldgruben für das Networking. Anders als auf Messen oder Jobbörsen begegnen sich hier Menschen auf Augenhöhe – ohne Bewerbungsmappen, aber mit Begeisterung für ihr Thema.

Warum das funktioniert: Viele Talente, insbesondere aus der Wissenschaft, wünschen sich ein Unternehmen, das ihre Themen versteht und mit dem sie sich identifizieren können. Ein Gespräch über neue Forschungstrends oder eine gemeinsame Diskussion auf einem Meetup kann der Anfang einer langfristigen Beziehung sein.

Praxis-Tipp: Das Sponsoring eines Meetup oder die Organisation eines eigenen, z. B. zu Themen wie „Synthetic Biology meets Start-up" oder „AI in Drug Discovery". Die Mitarbeitenden treten als Speaker auf und transportieren so die Unternehmenskultur authentisch. Nach dem offiziellen Teil biete Raum für lockeren Austausch an, so entstehen oft die wertvollsten Verbindungen.

Ein Kolleg:in aus dem HR-Recruiting-Team ist direkt mit auf dem Event und sucht aktiv das Gespräch. Es wird nicht nach Lebensläufen gefragt, sondern nach Meinungen. Genau das bleibt positiv hängen.

2.3 Gezielte Stipendien & Forschungsförderungen: Talente frühzeitig begleiten

Wer wissenschaftlichen Nachwuchs frühzeitig unterstützt, baut nicht nur Vertrauen auf, sondern prägt auch Karrieren mit. Stipendien, Promotionsförderungen oder praxisnahe Forschungsprojekte sind mehr als Employer Branding – sie sind die Brücke zu einer neuen Generation wissenschaftlicher Fachkräfte.

Warum das funktioniert: Wissenschaftliche Karrieren sind oft von Unsicherheit geprägt, da sie von befristeten Stellen, Wettbewerb um Forschungsgelder und eine begrenzte Anzahl von Professuren abhängen. Wer in dieser Phase gezielt unterstützt, zeigt Haltung und bietet Orientierung. Gleichzeitig wird dein Unternehmen für viele junge Talente zur ersten Anlaufstelle für die weitere berufliche Entwicklung.

Praxis-Tipp: Die Entwicklung eines eigenen Förderprogrammes für Masterarbeiten, Dissertationen oder Postdoc-Projekte, die thematisch zu den strategischen Unternehmens-Zielen passen. Das Förderprogramm beinhaltet auch das Angebot von Mentoring durch die Fachbereiche und das die Geförderten regelmäßig zu internen Veranstaltungen eingeladen werden. So wird aus punktueller Unterstützung ein nachhaltiges Beziehungsnetz.

Hier nenne ich ein paar beispielhafte Formate:

- „NextGen Biotech Fellowships" für junge Forschende in der Zell- und Gentherapie
- „Lab2Market-Stipendium" für Promotionsprojekte mit Ausgründungspotenzial
- „Research@Industry"-Kooperationen mit Fachhochschulen und Unis

3. Employer Branding attraktiv gestalten

Im Wettbewerb um wissenschaftliche Talente, müssen Unternehmen neue Wege gehen, um sich als attraktive Arbeitgeber:innen zu positionieren. Viele hoch qualifizierte Wissenschaftler:innen sind nicht aktiv auf Jobsuche, aber offen für neue Herausforderungen, die sie in ihrer fachlichen Entwicklung voranbringen und ihnen Gestaltungsspielraum bieten. Ein starkes, zielgruppenspezifisches Employer Branding macht hier den Unterschied.

Es gibt praxisnahe Strategien, wie Biotech-Unternehmen Wissenschaftler:innen gezielt ansprechen und langfristig für sich gewinnen können.

- **Forschungsspielräume und Innovation betonen**: Wissenschaftler:innen sind getrieben von Neugier, Erkenntnisinteresse und dem Wunsch, mit ihrer Forschung echten Impact zu erzielen. Wenn diese Zielgruppe gewonnen werden soll, muss mehr geboten werden als ein sicherer Arbeitsplatz.

  Was zählt, sind:

  a. **Freiraum für eigene Projekte**: Biete den Forscher:innen die Möglichkeit, eigene Ideen einzubringen und zu verfolgen. Ob als „Innovation Time" (z. B. 10 % der Arbeitszeit für freie Forschung), interne Forschungswettbewerbe oder durch ein Innovationsbudget – Signale wie diese zeigen, dass Eigeninitiative geschätzt wird.

  b. **Beteiligung an Publikationen und Konferenzen**: Wissenschaftler:innen wollen sich in ihrer Community positionieren. Aktive Unterstützung der Mitarbeitenden bei Fachveröffentlichungen und Konferenzteilnahmen durch die Mitautorenschaft bei Paper-Projekten und Erstattung der Reisekosten für wichtige Fachkongresse.

c. **Interdisziplinäre Teams & moderne Labore**: Ein innovatives Arbeitsumfeld ist mehr als nur ein Buzzword: Hochmoderne Laborausstattung, agile Methoden, digitale Tools und diverse Kolleg:innen aus verschiedenen Disziplinen machen den Unterschied.

- **Kooperationen mit Universitäten & Instituten aufbauen**: Viele Wissenschaftskarrieren beginnen an Universitäten und Forschungsinstituten. Wer hier frühzeitig Kontakte knüpft, kann vielversprechende Talente bereits während ihrer Ausbildung für sich begeistern.

  a. **Promotionsprogramme und Promotionen in der Industrie:** Die Möglichkeit schaffen, im Unternehmen zu promovieren oder Promotionsprojekte in Kooperation mit Hochschulen durchzuführen. Das Angebot von strukturierten Programmen mit klaren Ansprechpartner:innen, Mentoring und wissenschaftlicher Freiheit macht den entscheidenden positiven Unterschied.

  b. **Gastprofessuren & Lehraufträge:** Einige der Top-Forscher:innen haben Gastprofessuren an Hochschulen. Sie bringen akademischen Austausch ins Unternehmen und positionieren das Unternehmen als attraktiven Arbeitgeber bei den Studierenden.

  c. **Forschungskooperationen mit Sichtbarkeit:** Die Kooperation mit Hochschulen bei drittmittelgeförderten Projekten hilft, um wissenschaftliche Relevanz zu beweisen und Zugang zu einem Talentpool zu erhalten. Wichtig: Über diese Kooperationen offensiv auf allen Kanälen zu kommunizieren.

- **Authentische Einblicke schaffen: Wissenschaft erlebbar machen**
  Wissenschaftler:innen sind kritische Denker:innen. Plakative Versprechen oder Hochglanzbroschüren reichen nicht aus, um sie zu überzeugen. Was zählt, sind Glaubwürdigkeit, Substanz und Einblicke auf Augenhöhe.

  a. **Social Media gezielt einsetzen:** Die Forschung in Aktion (natürlich nur ohne Betriebsgeheimnisse zu verraten) zeigen – und zwar nahbar, echt und inspirierend. Postings aus dem Labor, kurze Interviews mit Forscher:innen, Behind-the-Scenes-Einblicke oder

Live-Takeovers auf LinkedIn, X oder YouTube geben der Forschung ein Gesicht. Nicht perfekt inszeniert, sondern authentisch. Wichtig dabei: Nicht nur das Marketing sendet, sondern echte Stimmen aus dem Team kommen zu Wort – Forscher:innen, Techniker:innen, HR, Führungskräfte.
Und genau hier kommt Corporate Influencing ins Spiel.
Wenn Mitarbeitende selbst zu Botschafter:innen werden, entsteht Glaubwürdigkeit. Wer aus der Praxis spricht, schafft Nähe – und macht Wissenschaft greifbar. Ein:e Labormitarbeiter:in, der oder die begeistert von einem neuen Verfahren erzählt, erreicht oft mehr als jede Hochglanz-Kampagne.

b. **Unternehmensblogs & Fachbeiträge**: Einen Blog oder die Karriereseite nutzen, um aktuelle Forschungsprojekte, Patente, Kooperationen und Team-Stories zu erzählen (natürlich nur ohne Betriebsgeheimnisse zu verraten). Besonders wertvoll sind Gastbeiträge von Wissenschaftler:innen selbst – sie schaffen Vertrauen und transportieren Unternehmenskultur.
c. **Forschungsevents und Science Slams**: Talente einladen, um das Unternehmen live zu erleben: z. B. beim Tag der offenen Tür, internen Symposien, virtuellen Labortouren oder Science Slams. Solche Formate wirken attraktiv und modern und sind nachhaltiger als anonyme Stellenanzeigen.

4. Candidate Experience: Der Schlüssel zur erfolgreichen Rekrutierung

Die Art und Weise, wie Bewerber:innen den Auswahlprozess erleben, ist entscheidend für ihre finale Entscheidung. Besonders für hoch qualifizierte Wissenschaftler:innen und Laborkräfte, die nicht aktiv auf Jobsuche sind, sollte der Prozess positiv, wertschätzend und effizient sein.

Candidate Experience Management ist für uns nicht nur ein Teil des HR-Managements, sondern ein strategischer Ansatz, um die besten Köpfe für unser Unternehmen zu gewinnen und langfristig an uns zu binden. Es ist vergleichbar mit dem Customer Experience Management, denn die Eindrücke der Kandidaten:innen im Bewerbungsprozess beeinflussen maßgeblich ihre Wahrnehmung unserer Attraktivität als Arbeitgeber.

Warum ist das so wichtig für ein Start-up?

- Arbeitgeberattraktivität: Eine positive Candidate Experience ist wichtig. Gerade in der Biotech-Branche ziehen Bewerber:innen aus ihren Erfahrungen im Prozess Rückschlüsse auf das Arbeitsumfeld und die Unternehmenskultur.
- Qualifizierte Bewerbungen: Eine gute Candidate Experience führt dazu, dass wir mehr Bewerbungen von hoch qualifizierten Fachkräften erhalten, die in diesem spezialisierten Feld gefragt sind.
- Schnellere Besetzung: Offene Stellen werden schneller besetzt, was in einem schnell wachsenden Umfeld essenziell ist. Verzögerungen im Recruiting können die Forschungsprojekte und damit den Unternehmenserfolg beeinträchtigen.
- Geringere Abbruchrate: Eine positive Erfahrung sorgt dafür, dass weniger Kandidaten:innen den Bewerbungsprozess vorzeitig abbrechen. Gerade bei vielversprechenden Talenten ist es entscheidend, sie nicht durch einen schlechten Prozess zu verlieren.
- Arbeitgeberimage: In Zeiten von Social Media und Arbeitgeberbewertungsportalen ist die Candidate Experience entscheidend für das Image. Positive Erfahrungen werden geteilt und stärken die Reputation als attraktiver Arbeitgeber in der Biotech-Community.

> **Candidate Journey**
>
> Die **Candidate Journey** betrachten wir daher in all ihren sechs Phasen sehr genau:
>
> 1. **Anziehung**: Wir müssen auf uns aufmerksam machen, sei es durch spezifische Stellenausschreibungen auf relevanten Plattformen, die unsere innovativen Projekte hervorheben, durch Kontakte zu Universitäten und Forschungseinrichtungen im Rahmen des Hochschulmarketings oder durch unsere Präsenz auf Fachmessen. Auch Empfehlungen unserer aktuellen Mitarbeitenden spielen eine wichtige Rolle.
> 2. **Information**: Unsere Webseite und Karriereseite ist professionell, übersichtlich und benutzerfreundlich und alle relevanten Informationen über unsere Forschungsschwerpunkte, Unternehmenskultur und Benefits sind schnell zugänglich. Da Fachkräfte oft sehr spezifische Fragen haben, ist eine umfassende Informationsbereitstellung wichtig.

3. **Bewerbung**: Der Bewerbungsprozess sollte reibungslos und effizient sein, idealerweise mit digitalen Tools, die auch mobil einfach zu bedienen sind. Die Kommunikation muss klar und transparent sein, von der Bestätigungsmail bis zur Einladung zum Bewerbungsgespräch.
4. **Auswahl**: In den Bewerbungsgesprächen legen wir Wert auf einen professionellen und wertschätzenden Austausch. Gerade in einem technischen Umfeld ist es wichtig, dass unsere Gesprächspartner:innen fachlich versiert sind und den Kandidaten:innen das Gefühl geben, dass ihre Expertise erkannt und geschätzt wird. Auch die Zeitspanne zwischen den Schritten und die Kommunikation bei einer Zu- oder Absage sind entscheidend.
5. **Onboarding**: Wenn wir einen neuen Mitarbeitenden gewinnen konnten, ist ein strukturiertes und einladendes Onboarding-Programm unerlässlich, um ihn schnell in unser Team zu integrieren und die Motivation hochzuhalten. Gerade in der komplexen Welt der Biotechnologie ist eine gute Einarbeitung entscheidend für den langfristigen Erfolg des neuen Mitarbeitenden.
6. **Bindung**: Auch nach dem Onboarding ist es wichtig, dass sich der neue Mitarbeitende wohlfühlt und seinen Arbeitsalltag positiv wahrnimmt, um eine frühe Fluktuation zu vermeiden.

Praktische Tipps für eine gelungene Candidate Experience:

- Gute Vorbereitung auf jedes Gespräch ist selbstverständlich, um die Zeit des/r Kandidaten:in optimal zu nutzen und einen fundierten Eindruck zu gewinnen.
- Wir stimmen uns intern ab, um dem/r Kandidaten:in ein kohärentes Bild unseres Unternehmens zu vermitteln.
- Zeitnahe Rückmeldungen sind uns sehr wichtig, denn gerade gefragte Spezialisten haben oft mehrere Optionen.
- Wir bemühen uns um persönliche und individuelle Kommunikation, auch wenn im großen Umfang rekrutiert wird.
- • Wertschätzung und Kommunikation auf Augenhöhe sind Grundpfeiler unserer Interaktion mit Kandidat:innen.
- Ehrlichkeit und Authentizität sind entscheidend, um langfristig Vertrauen aufzubauen.

- Wir arbeiten kontinuierlich an der Optimierung unseres Bewerbungsprozesses, um ihn so übersichtlich und strukturiert wie möglich zu gestalten.
- Unsere Karriereseite halten wir aktuell und benutzerfreundlich und präsentieren dort authentische Einblicke in unser Unternehmen.
- Stellenanzeigen sind bei uns detailliert und ansprechend formuliert.
- Wir bleiben auch mit Kandidat:innen in Kontakt, denen wir absagen mussten, um sie eventuell später für andere Positionen in Betracht zu ziehen (Talent Pool).
- Der Ablauf des Bewerbungsprozesses wird transparent kommuniziert.
- Wir behandeln Bewerber:innenwie potenzielle Kunden:innen, denn sie sind die Talente, die unseren Erfolg in der Zukunft sichern.
- Wir nutzen moderne digitale Tools, um den Bewerbungsprozess so einfach wie möglich zu gestalten.

Wir sind uns bewusst, dass die Bedürfnisse der verschiedenen Generationen variieren. Sowohl die Generation Y mit ihren Ansprüchen an flexible Arbeitszeiten und digitale Kommunikation als auch die Generation Z mit ihrem Fokus auf Nachhaltigkeit und digitale Mediennutzung beeinflussen, wie wir unsere Candidate Experience gestalten.

Indem wir uns auf eine herausragende Candidate Experience konzentrieren, stellen wir sicher, dass wir als attraktiver Arbeitgeber in der Biotechnologie wahrgenommen werden und die besten Talente für unser Start-up gewinnen können.

5. Talente langfristig binden
Der beste Recruiting-Erfolg bringt wenig, wenn Talente nach kurzer Zeit wieder gehen. Deshalb ist es wichtig, ein Arbeitsumfeld zu schaffen, das sie hält.

1. **Flexible Karrierewege ermöglichen:**
   Biotech-Fachkräfte haben unterschiedliche Karriereziele – einige streben eine akademische Laufbahn an, andere möchten in die Industrie wechseln oder beides kombinieren. Unternehmen sollten flexible

Karrierepfade anbieten, die sowohl wissenschaftliche als auch unternehmerische Ambitionen berücksichtigen.
Ich nenne hier einige beispielhafte Maßnahmen:

- Einführung von „Dual Career"-Modellen, die Forschung und Management verbinden.
- Möglichkeiten für Sabbaticals oder Forschungsaufenthalte an Universitäten.
- Transparente Kommunikation über Aufstiegschancen und Entwicklungsmöglichkeiten.

2. **Mentoring-Programme etablieren:**
Mentoring unterstützt neue Mitarbeitende dabei, sich im Unternehmen zurechtzufinden, und fördert den Wissenstransfer. Erfahrene Kolleg:innen können als Mentor:innen fungieren und sowohl fachliche als auch kulturelle Orientierung bieten.
Vorteile:

- Schnellere Integration neuer Teammitglieder.
- Förderung von Vertrauen und Zusammenarbeit.
- Steigerung der Mitarbeiterzufriedenheit und -bindung.

3. **Attraktive Entwicklungsperspektiven bieten:**
Wissenschaftler:innen lieben Herausforderungen. Unternehmen sollten daher klare Entwicklungspfade und Weiterbildungsmöglichkeiten anbieten.
Mögliche Angebote:

- Regelmäßige Schulungen und Workshops zu aktuellen Forschungsthemen.
- Unterstützung bei der Teilnahme an Konferenzen und Fachveranstaltungen.
- Zugang zu Online-Kursen und Zertifizierungsprogrammen.

4. **Positives Leadership leben:**
Eine Führungskultur, die auf Vertrauen, Respekt und Engagement basiert, ist entscheidend für die Mitarbeiterbindung. Führungskräfte sollten als Vorbilder agieren und eine offene Kommunikation pflegen.

Empfohlene Praktiken:

- Regelmäßige Feedbackgespräche und Anerkennung von Leistungen.
- Einbindung der Mitarbeitenden in Entscheidungsprozesse.
- Förderung einer Fehlerkultur, die Lernen ermöglicht.

5. Eine gelebte **Unternehmenskultur** mit klaren Werten wie Respekt, Offenheit und Teamarbeit stärkt das Zugehörigkeitsgefühl. Führungskräfte sollten diese Werte vorleben und in den Arbeitsalltag integrieren und zeigen, dass diese Werte keine leeren Versprechen sind.

    In einem Biotech-Start-up könnte dies bedeuten, dass die Geschäftsleitung regelmäßig Zeit mit den Teams im Labor verbringt, um deren Herausforderungen zu verstehen und ihre Arbeit wertzuschätzen.

    Es gibt verschiedene Teamevents und gemeinsame Aktivitäten, wie eine Sommerparty.

    Die Unternehmensziele und -werte werden regelmäßig und transparent kommuniziert. Diversität und Inklusion werden gelebt.

6. **Coaching zur persönlichen Entwicklung anbieten**
Coaching unterstützt Mitarbeitende dabei, ihre persönlichen und beruflichen Ziele zu erreichen. Insbesondere Führungskräfte profitieren von regelmäßigem Coaching, um ihre Managementfähigkeiten zu stärken.

    Anwendungsbereiche:

- Entwicklung von Kommunikations- und Konfliktlösungsfähigkeiten.
- Unterstützung bei der Übernahme neuer Verantwortungsbereiche.
- Begleitung in Phasen des organisatorischen Wandels.

7. **Weiterbildung und lebenslanges Lernen fördern**
Kontinuierliche Weiterbildung ist essenziell, um im dynamischen Biotech-Umfeld wettbewerbsfähig zu bleiben. Unternehmen sollten daher vielfältige Lernmöglichkeiten anbieten.

    Beispiele:

- Zugang zu internen und externen Trainingsprogrammen.
- Förderung von Peer-Learning und Wissensaustausch im Team.
- Bereitstellung von Ressourcen für selbstgesteuertes Lernen.

> **Key Takeways: Erfolgreiches Recruiting & Retention in der Biotech-Branche**
> - **Active Sourcing ist essenziell** – Die besten Talente sind oft nicht aktiv auf Jobsuche. Direkt ansprechen via LinkedIn, ResearchGate & Peer-Netzwerke.
> - **Unkonventionelle Recruiting-Wege** nutzen – Hackathons, Scientific Meetups & gezielte Stipendien helfen, frühzeitig Talente zu binden.
> - **Employer Branding** gezielt auf wissenschaftliches Personal zuschneiden – Forschungsspielräume, Kooperationen mit Universitäten/Hochschulen & authentische Einblicke in den Arbeitsalltag bieten.
> - **Candidate Experience** entscheidet über den Erfolg – Klare Kommunikation, schnelle Prozesse & Wertschätzung steigern die Bewerberqualität und reduzieren Abbrüche.
> - **Langfristige Mitarbeiterbindung** beginnt mit guter Führung – Mentoring-Programme, flexible Karrierewege & positive Leadership-Kultur sind der Schlüssel.
> - **Vertrauen in unsicheren Zeiten** aufbauen – Transparenz, Verlässlichkeit & offene Kommunikation schaffen Sicherheit und Motivation.

Literatur

Vfa. Die forschenden Pharmaunternehmen, BCG (2024) Biotech-Report Medizinische Biotechnologie in Deutschland 2024. https://www.vfa.de/de/presse/publikationen. Zugegriffen am 05.01.2025

4

Führung im Start-up: Vertrauen statt Kontrolle

„Vertrauen ermöglicht Kreativität, Verantwortung und Erfolg – Führung bedeutet, Raum zu geben, nicht zu kontrollieren."

Zusammenfassung In modernen Start-ups ist es von entscheidender Bedeutung, auf Vertrauen statt auf Kontrolle zu setzen, um das volle Potenzial der Mitarbeitenden zu entfalten. Als HR-Chefin lege ich besonderen Wert darauf, klare und messbare Zielvorgaben zu definieren, die Orientierung bieten und jedem Mitarbeitenden den Weg weisen. Gleichzeitig fördere ich eine Unternehmenskultur, in der Verantwortung übertragen und eine gesunde Fehlerkultur gelebt wird – denn nur so können Lernen und Innovation wirklich gedeihen. Durch eine transparente, regelmäßige Kommunikation und aktives Zuhören verhindere ich das Eindringen von Micromanagement und stärke das gegenseitige Vertrauen im Team. Statt zu kontrollieren, setze ich auf Coaching, um Mitarbeiter zu ermutigen, eigene Lösungen zu finden, ihr Engagement zu steigern und Eigenverantwortung zu übernehmen. Dabei spielt Anerkennung eine wesentliche Rolle: Wer kontinuierlich in die Weiterbildung und persönliche Entwicklung der Mitarbeitenden investiert, motiviert und hält sie langfristig.

In einem Start-up, wo schnelle Entscheidungen und Agilität entscheidend sind, ist eine starke, vertrauensvolle Unternehmenskultur der Schlüssel zum Erfolg. Als HR-Chefin habe ich die Verantwortung, eine Umgebung zu schaffen, in der Vertrauen an erster Stelle steht und Micromanagement keinen Platz hat.

Warum? Weil Vertrauen nicht nur das Rückgrat einer gesunden Arbeitskultur bildet, sondern auch die Mitarbeiter zu mehr Kreativität, Engagement und Eigenverantwortung anregt.

Die Macht von Vertrauen

Vertrauen ist das Fundament jeder erfolgreichen Zusammenarbeit. In Start-ups, wo Teams eng zusammenarbeiten und Flexibilität gefragt ist, kann eine Führungskraft, die ständig mit Mikromanagement eingreift, das Gegenteil von dem erreichen, was sie eigentlich anstrebt: Engagement und Motivation. Studien belegen immer wieder, dass ein hohes Maß an Vertrauen zu besseren Leistungen und höherer Mitarbeiterbindung und Zufriedenheit führt.

Vertrauen bildet die Grundlage für eine positive Beziehung, da es Sicherheit und Verlässlichkeit schafft. Wenn Mitarbeitende ihrer Führungskraft vertrauen, fühlen sie sich wertgeschätzt, ernst genommen und unterstützt, was sich direkt auf die Zufriedenheit auswirkt. Fehlendes Vertrauen hingegen führt zu Unsicherheit. Gemäß des aktuellen Gallup Berichts hat die Zufriedenheit mit der Führungskraft abgenommen – nur noch 16 % sind voll und ganz von ihr überzeugt gegenüber 2023: 22 % (Gallup Engagement Index Deutschland 2025).

Eine von Gallup durchgeführte Meta-Analyse zeigt, wie sich eine hohe emotionale Bindung für Unternehmen auch wirtschaftlich bezahlt macht. Denn zwischen Gruppen mit hoher emotionaler Bindung und denen mit niedriger emotionaler Bindung sind deutliche Unterschiede zu beobachten:

- 21 % bis 51 % geringere Fluktuation (51 % bei Unternehmen mit einer niedrigen Fluktuation, 21 % bei Unternehmen mit einer hohen Fluktuation)
- 8 % weniger Fehlzeiten
- 63 % weniger Arbeitsunfälle

- 32 % weniger Qualitätsmängel
- 10 % bessere Kundenbewertungen
- 18 % höhere Produktivität (Vertriebskennzahlen)
- 17 % höhere Produktivität (Produktionskennzahlen)

Quelle: Gallup Meta-Analyse von 347 Unternehmen mit 3.354.784 Mitarbeitenden in 53 Branchen und 90 Ländern, Stand: Mai 2024

Wie ich als HR-Chefin Vertrauen aufbaue – auch in einem volatilen Umfeld
Die Biotech-Branche ist eine sehr dynamische Branche. Projekte können scheitern, regulatorische Anforderungen ändern sich, und Finanzierungsrunden sind nicht immer erfolgreich. In einem solchen Umfeld Vertrauen aufzubauen, ist für eine HR-Führungskraft essenziell – denn Vertrauen ist der Kitt, der Teams zusammenhält und Mitarbeitende motiviert, auch in turbulenten Zeiten engagiert zu bleiben.

Transparenz als Grundpfeiler des Vertrauens
Der erste Schritt zur Vertrauensbildung ist Transparenz. Mitarbeitende möchten verstehen, wie es um das Unternehmen steht, und erwarten eine ehrliche Kommunikation. Als HR-Chefin sehe ich mich hier in der Rolle der Vermittlerin zwischen Geschäftsleitung und Belegschaft. Es reicht nicht aus, Informationen einfach weiterzugeben – sie müssen verständlich und im richtigen Kontext vermittelt werden.

Praktische Tipps
- Regelmäßige All-Hands-Meetings: Einmal im Monat organisieren wir Meetings, in denen die Geschäftsleitung über aktuelle Entwicklungen spricht. Hier ist es wichtig, Raum für Fragen zu geben, damit sich Mitarbeitende aktiv einbringen können.
- Interne Newsletter mit Mehrwert: Zum Beispiel alle vier Wochen eine HR-Info mit Updates zu Unternehmenszielen, Herausforderungen und Erfolgen versenden. Besonders wichtig: auch über schwierige Themen wie Verzögerungen bei Projekten offen sprechen und Lösungsansätze aufzeigen.

- Offene Tür-Prinzip: Transparenz bedeutet auch, dass Mitarbeitende wissen, dass sie jederzeit mit Fragen oder Bedenken zu HR kommen können.

Verlässlichkeit: Versprechen einhalten und Prozesse optimieren
Mitarbeitende sollten spüren, dass ihre Anliegen ernst genommen werden. Vertrauen entsteht nicht nur durch Worte, sondern vor allem durch Handlungen. Ein großes Problem in Start-ups ist oft, dass HR-Themen im Tagesgeschäft untergehen können. Ich habe daher einen strukturierten Ansatz etabliert, um sicherzustellen, dass Prozesse verlässlich und effizient ablaufen.

Praktische Tipps
- Feste Bearbeitungszeiten für HR-Anliegen: Gehaltsfragen, Vertragsänderungen oder Konflikte müssen zeitnah geklärt werden. Ich habe ein internes Service-Level-Agreement (SLA) eingeführt: Jedes Anliegen bekommt eine Rückmeldung innerhalb von spätestens 24 h.
- Sichtbare To-Do-Listen für HR-Themen: Ein transparentes Ticketsystem nutzen über das Mitarbeitende den Status ihrer Anfrage verfolgen können. Das schafft Verlässlichkeit und verhindert Frustration.
- Proaktive Unterstützung bieten: Vertrauen entsteht auch dadurch, dass HR als Partner wahrgenommen wird. Ich biete regelmäßig Termine zu Themen wie Karriereentwicklung, Resilienz und Leadership an, um Mitarbeitende nicht nur zu verwalten, sondern aktiv zu fördern.

Empathie und eine starke Feedback-Kultur
Ein weiterer zentraler Baustein für Vertrauen ist Empathie. Gerade in einem unsicheren Umfeld müssen Mitarbeitende wissen, dass sie als individuelle Persönlichkeiten gesehen und wertgeschätzt werden. Ich habe früh gelernt, dass eine offene Feedback-Kultur essenziell ist, um eine gesunde Vertrauensbasis zu schaffen.

Praktische Tipps
- Regelmäßige 1:1-Gespräche mit Führungskräften und Mitarbeitenden: Ein offenes Gespräch bewirkt oft mehr als eine E-Mail. Ich plane mir gezielt Zeit für persönliche Gespräche ein sowohl mit Führungskräften als auch mit Teammitgliedern.

- Anonyme Feedback-Kanäle schaffen: Nicht jeder traut sich, kritische Punkte direkt anzusprechen. Eine anonyme Feedback-Plattform oder das Ombudsman Konzept könnte genutzt werden, über die Mitarbeitende ihre Anliegen äußern können.
- Fehler als Lernchancen begreifen: In einem volatilen Umfeld sind Fehler unvermeidlich. Wichtig ist, dass sie nicht tabuisiert, sondern konstruktiv genutzt werden. Ich fördere eine Kultur, in der Herausforderungen offen besprochen werden und gemeinsam Lösungen gefunden werden.

Vertrauen als Anker: Warum Mut die Basis für starke Teams ist

Vertrauen ist keine Selbstverständlichkeit – es muss aktiv aufgebaut und gepflegt werden. Vertrauen ist ein Vorschuss und braucht Mut. Vertrauen ist nicht garantiert. Es ist kein Vertrag, kein Ergebnis, keine Kontrolle. Es ist ein mutiger Schritt ins Ungewisse – ein Vorschuss auf etwas, das (noch) nicht bewiesen ist.

Wer vertraut, gibt zuerst. Ohne Garantie. Ohne Netz. Und genau das macht Vertrauen so kraftvoll. Es sagt: „Ich sehe dein Potenzial – auch wenn es gerade noch unscharf ist."

Gerade in einer Branche, die von Unsicherheiten geprägt ist, ist es entscheidend, dass HR als verlässlicher Anker wahrgenommen wird. Durch Transparenz, Verlässlichkeit und Empathie kann es gelingen, ein Umfeld zu schaffen, in dem sich Mitarbeitende sicher fühlen und auch in schwierigen Zeiten ihr Bestes geben. Meine Erfahrung zeigt: Wenn Vertrauen da ist, wachsen Teams über sich hinaus – und das ist letztlich der Schlüssel zum Erfolg.

Klare Zielvorgaben

Ich setze auf klare Zielvorgaben, offene Kommunikation und das Fördern von Autonomie, statt in Micromanagement zu verfallen. Die Mitarbeitenden sollen wissen, was von ihnen erwartet wird, aber gleichzeitig den Freiraum haben, ihre eigenen Wege zu finden und kreativ zu arbeiten.

Die Basis jeder erfolgreichen Delegation ist Klarheit. Setze klare, messbare Ziele, die den Erfolg einer Aufgabe oder eines Projekts definieren. Die Menschen im Team wissen dann genau, was von ihnen erwartet wird, aber sie können selbst entscheiden, wie sie dieses Ziel erreichen. Hierbei ist es wichtig, dass die Ziele im Einklang mit der Gesamtstrategie des Unternehmens stehen. Das Führungsmodell der Zielvereinbarung bewirkt die Ausrichtung aller Kräfte im Unternehmen auf die strategischen Ziele hin, entlastet die Führungskräfte von einer Vielzahl operativer Aufgaben und trägt dem zunehmenden Bedürfnis der Mitarbeiter nach Verantwortung, Autonomie und eigenen Gestaltungsmöglichkeiten Rechnung (Haufe 2025).

Es gibt verschiedene Methoden, Ziele zu vereinbaren und zu überprüfen. Eine ist OKR (Objectives and Key Results), eine Management Methode für Unternehmen, die zwei Komponenten berücksichtigt: Objectives (Ziele) und Key Results (Schlüsselergebnisse).

Ein Objective beschreibt ein ambitioniertes, inspirierendes Ziel („Was wollen wir erreichen?"). Die Key Results machen das messbar („Woran erkennen wir, dass wir es geschafft haben?").

OKR ist ein agiles Zielsystem, das hilft, Klarheit zu schaffen und Teams auf gemeinsame Prioritäten auszurichten. Kein starrer Plan, sondern ein flexibles Tool, das die Dynamik unterstützt.

Das Besondere: OKRs werden in kurzen Zyklen (meist quartalsweise) gesetzt, gemeinsam im Team erarbeitet und regelmäßig überprüft. OKR heißt nicht: mehr tun. Sondern: das Richtige tun und zwar gemeinsam, fokussiert und mit Sinn.

Verantwortung übertragen – mit Freiraum für Fehler
Verantwortung zu übertragen bedeutet, den Mitarbeitenden zu vertrauen. Es heißt, ihnen den Raum zu geben, ihre Arbeit auf ihre eigene Art und Weise zu erledigen. Dabei ist es wichtig, eine Fehlerkultur zu etablieren. Fehler sind nicht das Ende der Welt, sondern eine Möglichkeit, zu lernen und zu wachsen. Ein Mitarbeitender, der sich in einem Umfeld sicher fühlt, in dem er auch Fehler machen darf, ist eher bereit, neue Ideen auszuprobieren und kreativ zu denken. Oberstes Gebot für ein gutes Fehlermanagement: der offene Umgang mit Fehlern. Laut der EY-Studie zur Fehlerkultur gefährdet für 50 % der Führungskräfte eine mangelnde Fehlerkultur die Innovations- und Wettbewerbsfähigkeit der Unternehmen (EY 2023).

Offene Kommunikation statt Kontrolle
Führe regelmäßige Gespräche, um sicherzustellen, dass jeder Mitarbeitende weiß, dass er die nötige Unterstützung erhält. Ein aktiver Dialog

über den Fortschritt, Herausforderungen und Lösungen fördert eine transparente Kommunikation und verhindert, dass Micromanagement auftritt. Die Kommunikation sollte vor allem auf aktives Zuhören ausgerichtet sein, nicht auf das Geben von Anweisungen. Laut einer repräsentativen Studie zur Unternehmenskommunikation in Deutschland (Staffbase 2024) wird die Transparenz der Kommunikation von den Befragten als entscheidender Faktor für die Zufriedenheit bewertet. 45,5 % geben an, sich zufriedener zu fühlen, würden Informationen über Unternehmensentscheidungen transparenter mitgeteilt werden. Dies unterstreicht die Bedeutung offener und ehrlicher Kommunikation von Führungskräften.

Coachen statt Anweisen
Eine effektive Führungskraft agiert eher als Coach denn als Kontrolleur. Die Selbstreflexion und Eigenverantwortung der Mitarbeitenden kann durch die Coaching-Gespräche gefördert werden. Statt Lösungen vorzugeben, werden Fragen gestellt, die den Mitarbeitenden dazu anregen, selbst nach Lösungen zu suchen. Diese Form der Führung stärkt nicht nur das Vertrauen, sondern auch das Verantwortungsbewusstsein der Mitarbeitenden.

Eine Umfrage der Quadriga Hochschule (2022) zur Führungskraft als Coach zeigt, dass Führungskräfte in unterschiedlichem Maße Coaching-Techniken anwenden, um ihre Mitarbeiter:innen zu unterstützen.

Hier sind einige zentrale Ergebnisse, in welchen Bereichen Coaching-Techniken im Führungsalltag eingesetzt werden.

- **Ermutigung zur kontinuierlichen Entwicklung**: 87 % der Führungskräfte geben an, ihre Mitarbeiter:innen zu ermutigen, sich kontinuierlich zu entwickeln und zu verbessern.
- **Konstruktives Feedback**: 86 % der Befragten geben konstruktives Feedback zu Verbesserungsmöglichkeiten, was für die persönliche und berufliche Entwicklung der Mitarbeiter:innen entscheidend ist.
- **Unterstützung bei neuen Herausforderungen**: 84 % der Führungskräfte unterstützen ihre Mitarbeiter:innen aktiv bei der Bewältigung neuer Herausforderungen.

- **Teilen von Informationen und Ressourcen:** 81 % der Führungskräfte teilen relevante Informationen und Ressourcen, um die Effektivität ihrer Mitarbeiter:innen zu steigern.
- **Ausdruck von Zuversicht:** 79 % der Führungskräfte drücken Zuversicht aus, dass ihre Mitarbeiter:innen sich entwickeln und verbessern können.
- **Ermutigung zur Erkundung neuer Alternativen:** 76 % der Führungskräfte ermutigen ihre Mitarbeiter:innen, neue Alternativen zu erkunden und auszuprobieren.
- **Offene Fragen zur Lösungsfindung:** 75 % der Befragten regen durch offene Fragen die Entwicklung eigener Lösungen bei ihren Mitarbeiter:innen an.
- **Kreatives Denken:** 66 % der Führungskräfte ermöglichen kreatives Denken zur Problemlösung.
- **Nützliche Verbesserungsvorschläge:** 61 % der Führungskräfte bieten nützliche Vorschläge an, wie Mitarbeiter:innen ihre Leistung verbessern können.
- **Leistungsanalyse:** 54 % der Führungskräfte helfen ihren Mitarbeiter:innen, ihre Leistung zu analysieren.
- **Sounding Board:** 34 % der Befragten fungieren als Sounding Board für die Ideen ihrer Mitarbeiter:innen.

Wertschätzung und Anerkennung
Laut dem World Happiness Report 2020 ist das Gefühl der Wertschätzung einer der stärksten Prädiktoren für das Wohlbefinden von Mitarbeitenden weltweit. Jeder Mensch will Anerkennung. Am Arbeitsplatz ist das der stärkste Motivationsfaktor und wird von den Mitarbeitenden noch mehr gewünscht als gute Bezahlung, Sozialleistungen oder Work-Life-Balance. Studien (Gallup Workplace 2024) zeigen, dass Mitarbeitende, die sich wertgeschätzt fühlen, deutlich motivierter und engagierter arbeiten. 83,6 % der Mitarbeiter sind der Meinung, dass sich Anerkennung auf ihre Motivation auswirkt, bei der Arbeit erfolgreich zu sein (nectarhr 2025). Lob und Anerkennung vermitteln ihnen das Gefühl, gesehen und gehört zu werden. Dieses Gefühl der Bestätigung und des Respekts sorgt dafür, dass Mitarbeitende bereit sind, über ihre Basisaufgaben hinauszugehen.

4 Führung im Start-up: Vertrauen statt Kontrolle

In dem Artikel Wertschätzung als Gesundheitsfaktor (Häfner 2023) werden Prümper und Becker zitiert, die zeigen konnten, dass Beschäftigte, die von ihren Führungskräften ein hohes Maß an Wertschätzung erfuhren, im Untersuchungszeitraum von zwölf Monaten deutlich geringere krankheitsbedingte Fehlzeiten aufwiesen im Vergleich zu Beschäftigten, die in geringem Umfang Wertschätzung erlebten.

Wird eine Leistung anerkannt – sei es durch ein einfaches „Danke", konstruktives Feedback oder die Anerkennung in einem Meeting –, steigt die Bereitschaft, sich weiterhin für das Unternehmen einzusetzen. Menschen fühlen sich nicht nur belohnt, sondern auch als wertvolle Mitglieder des Teams.

---

7 skandinavische Impulse für mehr Wertschätzung im (Arbeits-)Alltag (Boom 2022)

- IMPULS 1: Wertschätze Unterschiede!
    - Was wäre, wenn du in jedem Unterschied ein Geschenk sehen würdest? Andere Perspektiven, andere Wege, andere Denkweisen – sie machen uns reicher, nicht ärmer. Vielfalt ist kein Risiko, sondern eine Riesenchance. Unterschiedlichkeit ist kein Problem, sondern die Lösung.
- IMPULS 2: Liebe Menschen!
    - Klingt groß? Ist es auch. Und gleichzeitig so einfach: Begegne Menschen mit echtem Interesse, mit Wohlwollen, mit Offenheit. Nicht jeder Tag ist leicht – aber ein liebevoller Blick, ein ehrliches Lächeln, ein echtes „Wie geht's dir wirklich?" kann Welten verändern.
- IMPULS 3: Schenke Aufmerksamkeit!
    - Handy weg. Kopf hoch. Herz auf. Wer wahrhaft präsent ist, gibt anderen das größte Geschenk: sich selbst – ganz da, ganz echt.
    - Wie oft sehen wir einander, ohne wirklich zu sehen? Achte auf die kleinen Zeichen. Höre zwischen den Zeilen. Aufmerksamkeit ist gelebte Wertschätzung.
- IMPULS 4: Wertschätze alle Menschen gleich viel!
    - Wertschätzung ist keine Währung, die du verteilst nach Titel, Funktion oder Status. Sie gehört jedem – vom Empfang bis zum Vorstand. Wer

alle Menschen gleich behandelt, zeigt wahre Größe. Denn Achtung ist kein Privileg, sondern ein Menschenrecht.

- IMPULS 5: Feiere das, was eine wertschätzende Kultur ausmacht!
  - Pusht euch gegenseitig nach oben! Hebt einander hoch, feiert Erfolge, ruft ein ehrliches „Mega gemacht!" über den Flur. Warum? Weil geteilte Freude doppelte Freude ist – und weil ein positiver Fokus uns selbst stärkt. Mach den Anfang.
- IMPULS 6: Formuliere positiv!
  - Die Worte, die du wählst, prägen das Klima, in dem ihr arbeitet. Sag nicht, was fehlt – sag, was schon da ist. Sprich nicht über Fehler – sprich über Lernchancen. Wer positiv spricht, denkt positiv. Und wer positiv denkt, handelt wertschätzend.
- IMPULS 7: Kümmere dich nicht darum, ob es sich lohnt!
  - Wertschätzung ist kein Investment mit Rendite-Garantie. Sie ist ein Geschenk, das du gibst, weil es richtig ist. Nicht, weil du etwas zurückerwartest. Mach es trotzdem. Auch wenn es nicht erwidert wird. Denn: Du bestimmst die Kultur. Jeden Tag. Mit jedem Wort. Mit jeder Geste.

Weiterbildung

Die Förderung der Mitarbeitenden ist essenzieller Bestandteil professionellen Personalmanagements und ermöglicht nachhaltigen Unternehmenserfolg. Mitarbeitende sind ständig neuen Herausforderungen ausgesetzt, da sich die Arbeitswelt stetig wandelt.

Die permanente Verkürzung der Halbwertzeit von Wissen erfordert Flexibilität in der Gestaltung von Lern- und Entwicklungsprozessen.

Schaffe Möglichkeiten zur kontinuierlichen Weiterbildung und Persönlichkeitsentwicklung. Wenn Mitarbeitende das Gefühl haben, dass ihre Führungskraft in ihre Entwicklung investiert, steigt ihr Vertrauen in die Führung und ihre eigene Fähigkeit, Verantwortung zu übernehmen.

Mit der Diversifizierung von Arbeit und Karrierewegen verändern sich auch die Möglichkeiten und Bedürfnisse der Weiterbildung. Von Präsenz, über Blended-Learning, bis hin zu reinen Online-Weiterbildungen gibt es eine große Auswahl in der Art und Weise der Fortbildung.

Laut der Studie Weiterbildungstrends (TÜV Verband 2024) gewähren 77 % der befragten Unternehmen den Mitarbeitenden drei oder mehr Tage pro Jahr für Weiterbildungen. 75 % bieten allen Mitarbeitenden Fortbildungen an.

Es bedarf bei Personalentwicklungsmaßnahmen bestimmter Voraussetzungen und strategischer Überlegungen, damit die angestrebten Ziele auch erreicht werden.

Personaler und Führungskräfte müssen sich eng miteinander abstimmen, sodass langfristig gute Angebote etabliert und die gewünschten Ziele auch erreicht werden können. Umfang und Dauer einer Personalentwicklungsmaßnahme müssen mit dem „Tagesgeschäft" in Einklang gebracht werden. Im Idealfall lassen sich Weiterbildungseinheiten flexibel gestalten und in den Arbeitsalltag integrieren.

Systematische Personalentwicklung gliedert sich in sechs verschiedene Schritte, welche einen Kreislauf von der Bedarfsanalyse bis hin zur Transfersicherung darstellen (Becker 2011).

1. **Bedarfsermittlung**: In dieser Phase geht es um die individuelle und die strategische Bildungsbedarfsanalyse.
2. **Setzen von Zielen:** Lern- und Entwicklungsziele werden SMART formuliert. Die SMART-Regel ist eine Methode, mit deren Hilfe sich Ziele auf ihre klare und konkrete Formulierung hin überprüfen lassen. Die Ziele sollten **S**pezifisch, **M**essbar, **A**ttraktiv, **R**ealistisch und **T**erminiert sein. Es empfiehlt sich für jede Maßnahme mindestens ein konkretes Ziel festzulegen. Auch mehrere Ziele für eine Weiterbildung sind möglich. Folgende Fragen können dabei helfen: Was wollen wir mit der Weiterbildung erreichen? Welche Kompetenzen sollen konkret weiterentwickelt werden? Welche Anforderungen sollten daher Inhalt der Maßnahme sein?
3. **Kreatives Gestalten**: Die inhaltliche, methodische, zeitliche, sachliche und personelle Infrastruktur der Personalentwicklungsmaßnahmen wird festgelegt.
4. **Durchführung**: In diesem Schritt liegt der Fokus auf der zielbezogenen Anwendung von Lehr- und Lernmethoden.
5. **Erfolgskontrolle**: Effektivität und Effizienz der Personalentwicklungsmaßnahmen werden bewertet.

6. **Transfersicherung**: Diese Phase findet im Arbeitsumfeld statt. Es wird festgestellt, ob die vor der Durchführung der Personalentwicklungsmaßnahme vorhandenen Probleme behoben sind.

Micromanagement vermeiden

Mikromanagement ist ein Management-Stil, bei dem Führungskräfte die täglichen Aktivitäten ihrer Mitarbeitenden in einem hohen Maß kontrollieren. Mikromanager versuchen, alle laufenden Vorgänge im Auge zu behalten und zu kontrollieren, anstatt Verantwortlichkeiten an ihr Team zu delegieren. In vielen Fällen bestehen sie auch darauf, alle Entscheidungen selbst zu treffen, ganz gleich, wie klein diese auch sein mögen.

Selbst Personen mit den besten Absichten können leicht ins Mikromanagement verfallen. Der Wunsch nach Kontrolle ist ganz normal – und das gilt besonders für Menschen, die Angst davor haben, Fehler zu machen, und bei allem nach Perfektion streben. Es ist schwierig, loszulassen und zu vertrauen.

Was richtet Micromanagement an?

Micromanagement führt dazu, dass die besten Mitarbeitenden kündigen. Und dabei ist die faktische Kündigung noch der bessere Weg. Schlechter ist es, wenn die Mitarbeitenden nur innerlich kündigen, nur noch Dienst nach Vorschrift erledigen und ihr Potenzial und Talent nicht mehr zeigen. Das ist einer der größten Treiber für eine toxische Unternehmenskultur.

Micromanager zeigen oft eine erhöhte Aufmerksamkeit: Hypervigilanz genannt. Sie äußert sich in dem Drang, in allen Themen und Details beteiligt zu sein. Natürlich geht das einher mit einer hohen Erwartungshaltung an die Qualität der Arbeitsleistung.

Die Mitarbeitenden leiden unter dem Druck aus Kontrolle, Weisung, Überwachung und ausgewachsenes Misstrauen. Die Produktivität sinkt. Die Kosten steigen und die Arbeitsmoral sinkt. Mitarbeitende machen Dienst nach Vorschrift und sind für die Extrameile nicht mehr zu gewinnen. Die Führungskultur ist outdated, Depressionen können entstehen, die Mitarbeitenden vergeuden ihr Talent, ihr Potenzial, das Engagement und ihren Ehrgeiz. Manager können nichts mehr delegieren – denn ihren Mitarbeitenden haben sie die Fähigkeit zur Eigenständigkeit abtrainiert.

Das Resultat ist eine Gruppe von Menschen, die nur durch ihre Führungskraft arbeitsfähig sind. Innovationsfähigkeit erodiert – in solchen Kulturen, in denen das Eingehen von Risiken bestraft wird, trauen sich die Mitarbeiter nicht, die Initiative zu ergreifen. Fluktuation und Fehlzeiten steigen stark an.

Also erschafft Micromanagement einen Angst-Mikrokosmos. Die intrinsische Motivation kommt nahezu zum Erliegen. Wenn Ideen nicht mehr die richtige Wertschätzung erleben, die geleistete Arbeit nie ausreichend ist, lebt man in der ständigen Angst vor Kritik.

Wenn Mitarbeitende fühlen, dass ihr Chef:in ihnen nicht vertraut, vertrauen sie auch nicht dem Chef:in. Und noch mehr, das ganze System wird als verdächtig betrachtet. Micromanagende Führungskräfte fügen ihrer Organisation schweren Schaden zu. Mitarbeitende fühlen sich unsicher, verwenden viel Energie auf das Vermeiden von Fehlern und investieren noch mehr Energie fürs Überleben. Der Fokus auf Performance, auf die Extrameile, auf die eigentliche Aufgabe entfällt nahezu vollständig.

Meiner Erfahrung nach sind viele Unternehmen mit solchen Mikromanagern übersät.

Doch in einem Start-up, in dem Flexibilität und Innovation gefragt sind, führt dies eher zu Frustration und Demotivation als zu produktiveren Ergebnissen. Um Micromanagement zu vermeiden, ist es entscheidend, sich bewusst zu machen, dass Kontrolle nicht gleichzusetzen ist mit Erfolg.

Was modernes Leadership wirklich ausmacht ist das Schaffen von psychologischer Sicherheit.

In Teams, in denen Vertrauen herrscht, trauen sich Menschen, mutig zu sein. Sie sagen ihre Meinung, probieren Neues aus, übernehmen Verantwortung. Warum? Weil sie wissen: Ich darf hier ich sein. Ohne Angst. Ohne Maske. Und genau da beginnt großartige Führung.

Die Mitarbeitenden brauchen Führungskräfte, die zuhören, statt alles vorzugeben.

Die Führungskraft ist anstatt Chef:in viel mehr Coach. Sie ist nicht dafür da, alles besser zu wissen. Sie ist da, um zu begleiten, zu stärken, Mut zu machen, Klarheit zu schaffen und Fragen zu stellen.

Nach dem Motto: Vertraue deinen Mitarbeitern, überlasse ihnen Verantwortung und gib ihnen die Freiheit, zu wachsen.

Eine Studie von Google (2019), in welcher über zehn Jahre untersucht wurde, was die besten Führungskräfte der Welt gemeinsam haben, zeigt die 10 wichtigsten Verhaltensweisen:

- Sie sind Coaches. Keine Besserwisser, sondern Sparringspartner auf Augenhöhe.
- Sie empowern. Sie geben Verantwortung ab, nicht kleinteilig, sondern mit Vertrauen.
- Sie schaffen ein inklusives Teamumfeld. Mit Fokus auf Erfolg und Wohlbefinden.
- Sie denken in Ergebnissen. Und fördern die Produktivität ohne Druck, sondern mit Klarheit.
- Sie kommunizieren klar, hören zu, teilen Wissen. Sie halten nichts zurück.
- Sie fördern Karrieren. Mit ehrlichem Feedback, Lob und auch mal mit einem kritischen Impuls.
- Sie geben Richtung. Mit Vision, mit Strategie, mit Sinn.
- Sie verstehen die Arbeit ihrer Leute. Weil sie selbst wissen, wie der Alltag im Team aussieht.
- Sie arbeiten mit anderen, nicht gegen sie. Keine Silos. Kein Gegeneinander.
- Sie treffen Entscheidungen. Nicht aus dem Bauch, sondern nach Austausch und Fakten.

Key Takeaways
Transparenz, Zuverlässigkeit und Empathie sind keine Floskeln – sie sind Führungsinstrumente.
Vertrauen entsteht nicht durch schöne Worte, sondern durch konsequentes Handeln, durch offene Kommunikation, klare Prozesse und echtes Zuhören.
Vertrauen braucht Mut – und beginnt immer mit einem Vorschuss.
Es ist kein Vertrag, keine Kontrolle, sondern ein bewusster Schritt ins Ungewisse. Wer Vertrauen schenkt, macht Wachstum möglich.

Wertschätzung ist kein Extra – sie ist essenziell.
Menschen, die sich gesehen und ernst genommen fühlen, leisten mehr, bleiben gesünder und sind mit Herz dabei. Jeden Tag.
Micromanagement erstickt Potenzial – Vertrauen entfesselt es.
Kontrolle ist keine Führung. Statt Kontrolle braucht es Mut zur Delegation, Raum für Fehler und echtes Vertrauen in die Fähigkeiten des Teams.
Führung heute heißt: coachen, stärken, begleiten.
Die beste Führungskraft ist kein Besserwisser, sondern ein Sparringspartner. Sie schafft psychologische Sicherheit – nicht Druck.
Weiterbildung ist Zukunftssicherung.
Wer in die Entwicklung seiner Mitarbeitenden investiert, stärkt nicht nur deren Kompetenzen, sondern auch das Vertrauen und die Innovationskraft im Unternehmen.
Psychologische Sicherheit ist der neue Erfolgsfaktor.
Moderne Führung heißt: zuhören, stärken, begleiten – und ein Umfeld schaffen, in dem Menschen sich trauen, mutig zu sein.
HR ist kein Verwalter:in – HR ist Kulturarchitekt:in.
Als HR Strukturen und prägende Erfahrungen schaffen. Räume ermöglichen, in denen Menschen wachsen können – gerade in der Unsicherheit.

Literatur

Becker M (2011) Systematische Personalentwicklung Planung, Steuerung und Kontrolle im Funktionszyklus, 2. Aufl. Schäffer-Poeschel, Stuttgart

van den Boom M (2022) Wertschätzen wie die Weltmeister: sieben Impulse aus den skandinavischen Ländern. https://www.xing.com/news/article/wertschaetzen-wie-die-weltmeister-sieben-impulse-aus-den-skandinavischen-laender. Zugegriffen am 20.04.2025

EY-Studie Fehlerkultur Report (2023) https://www.ey.com/de_de/newsroom/2023/03/zwei-drittel-der-fuehrungskraefte-sprechen-nicht-ueber-eigene-fehler. Zugegriffen am 12.04.2025

Gallup Engagement Index Deutschland 2024 (2025) https://www.gallup.com/de/472028/bericht-zum-engagement-index-deutschland.aspx?thank-you-report-form=1. Veröffentlichung März 2025. Zugegriffen am 12.04.2025

Gallup Workplace (2024) The importance of employee recognition: low cost, high impact. June 28, 2016, Updated January 12, 2024. https://www.gallup.com/workplace/236441/employee-recognition-low-cost-high-impact.aspx. Zugegriffen am 20.04.2025

Google (2019) Google says the best bosses in the world do these 10 things. https://www.inc.com/justin-bariso/google-says-best-bosses-in-world-do-these-10. Zugegriffen am 20.04.2025

Häfner A (2023) Wertschätzung als Gesundheitsfaktor, DGUV Forum Ausgabe 10, 2023, ISSN 2699-7304. Fussnote: Prümper J, Becker, M Freundliches und respektvolles Führungsverhalten und die Arbeitsfähigkeit von Beschäftigten. In: Badura B, Ducki B, Schröder H, Klose J, Macco J (Hrsg) Fehlzeiten-Report 2011: Führung und Gesundheit. Springer, Berlin, 2011, S 37–47. https://forum.dguv.de/ausgabe/10-2023/artikel/wertschaetzung-als-gesundheitsfaktor. Zugegriffen am 20.04.2025

Haufe (2025) Zielvereinbarung als Führungsinstrument/Zusammenfassung, Svenja Grotzfeld. https://www.haufe.de/id/beitrag/zielvereinbarung-als-fuehrungsinstrument-zusammenfassung-LI5399426.html. Zugegriffen am 12.04.2025

Hochschule Q, Pentz W, Nitschke D, von Wittgenstein L, Schilling L (2022) Die Führungskraft als Coach – Verbreitung von Managerial Coaching in Unternehmen. 2. Quadriga Coaching Studie. Zugegriffen am 13.04.2025

nectarhr (2025) 26 Employee recognition statistics you need to know in 2025. Amanda Cross. Last Updated Feb 10, 2025. https://nectarhr.com/blog/employee-recognition-statistics. Zugegriffen am 20.04.2025

Staffbase, YouGov (2024) Was sich Beschäftigte in puncto Kommunikation von ihren Arbeitgebern wünschen – Repräsentative Studie zur Unternehmenskommunikation in Deutschland. PDF-Version dieses Berichts ist frei. insights.staffbase.com/de/tf/study/studie-zur-unternehmenskommunikation-2024. Zugegriffen am 13.04.2025

TÜV Verband (2024) TÜV Weiterbildungsstudie 2024 Neue Skills für eine neue Zeit Weiterbildungstrends in deutschen Unternehmen. https://www.perwiss.de/personalmanagement-studien/studien-personalentwicklung.html#toc_2024. Zugegriffen am 20.04.2025

World Happiness Report (2020) Wellbeing Research Centre at the University of Oxford, in partnership with Gallup, the UN Sustainable Development Solutions Network and an independent editorial board. https://worldhappiness.report/ed/2020/. Zugegriffen am 20.04.2025

5

Die Rolle von Resilienz in der modernen Führung

Meine Strategien für Ruhe und Stärke im Biotech-Startup

„Das Gute: Resilienz ist trainierbar. Niemand braucht ein:e Superheld:in werden!"

Zusammenfassung Herausforderungen sind mein Element – als Personalleiterin im Start-up meistere ich tägliches Chaos mit Klarheit, Mut und Herz. Resilienz beginnt bei mir: Selbstfürsorge ist meine Führungsgrundlage. Ich sehe Stress nicht als meinen Feind, sondern als Wachstumschance. In stürmischen Zeiten kultiviere ich Ruhe und Gelassenheit – und gebe sie weiter. Fehler sind bei uns kein Makel, sondern Lernmomente. Ich stärke mein Team durch Wertschätzung, Sinn und offene Kommunikation. Unsere Kultur basiert auf Vertrauen und echtem Miteinander. Dieses Kapitel zeigt: Veränderung ist kein Hindernis – sie ist unsere Einladung zum Wachsen.

> **Resilienz**
>
> Kennst du auch jemanden, der in stressigen Situationen die Ruhe bewahrt, souverän handelt und scheinbar mühelos unter Druck Höchstleistung zeigt? Jemanden, dem selbst starke Belastungen kaum etwas anhaben können?
> Genau hier kommt Resilienz ins Spiel: Sie ist unsere innere Widerstandskraft, die uns befähigt, Herausforderungen zu meistern und gestärkt daraus hervorzugehen. Resilient zu sein heißt, Belastungen souverän auszuhalten, in kniffligen Momenten auf die eigenen Ressourcen zugreifen zu können und gleichzeitig leistungsfähig zu bleiben. Resilienz ist wie ein mentales Immunsystem, das uns hilft, Krisen zu überstehen und dabei nicht nur zu bestehen, sondern auch zu wachsen. Resiliente Menschen lassen Stress und Frust nicht so stark an sich heran – sie reagieren gelassener auf Druck und passen sich flexibel an Veränderungen an. Wie stark diese psychische Widerstandskraft ausgeprägt ist, unterscheidet sich von Person zu Person. Das Menschen unterschiedlich resilient sind, liegt an einer Mischung aus Genetik, frühkindlicher Prägung, Lebenserfahrungen und dem sozialen Umfeld.
> Aber, Resilienz ist nicht einfach eine angeborene Eigenschaft, sondern etwas, dass lernbar ist, und trainiert werden kann.

Resilienz – also die Fähigkeit, mit Krisen, Rückschlägen und Stress konstruktiv umzugehen – ist kein Zufall, sondern das Ergebnis eines Zusammenspiels aus innerer Haltung, Erfahrung und Umfeld.

Manche Menschen wirken resilienter, weil sie:

- positive Denkmuster entwickelt haben – sie sehen Herausforderungen als Lernchancen, nicht als Bedrohung.
- emotionale Selbstregulation beherrschen – sie können Gefühle wahrnehmen, benennen und steuern.
- soziale Unterstützung nutzen – sie suchen aktiv Hilfe, sprechen über Belastungen und fühlen sich nicht allein.
- Sinn und Selbstwirksamkeit erleben – sie glauben daran, dass ihr Handeln etwas bewirken kann.

Resilienz ist also keine angeborene Superkraft – sie ist trainierbar. Jeder kann sie stärken, Schritt für Schritt.

5 Die Rolle von Resilienz in der modernen Führung

Warum sind manche Menschen resilienter als andere?
- **Biologische und genetische Grundlagen:** Studien (Max Planck Gesellschaft 2023) zeigen, dass genetische Faktoren wie die Regulation von Stresshormonen, wie zum Beispiel Cortisol Einfluss auf die individuelle Stresstoleranz haben.
- **Kindheit und Bindungserfahrungen:** Wer als Kind stabile Bezugspersonen und ein Gefühl von Sicherheit erlebt hat, entwickelt oft ein robusteres Selbstwertgefühl – ein wichtiger Baustein für Resilienz.
- **Lern- und Lebenserfahrungen:** Wer Krisen als „gemeistert" abspeichert, baut Selbstwirksamkeit auf. Das macht resilienter für zukünftige Herausforderungen.
- **Soziale Unterstützung:** Ein starkes Netzwerk aus Familie, Freunden oder Kolleg:innen wirkt wie ein seelisches Schutzschild.

Stell dir vor, du bist mittendrin in einem ganz normalen Tag: Die To-do-Liste ist lang, Ressourcen sind knapp, Prioritäten verschieben sich, neue Anforderungen kommen rein, und manchmal fällt spontan jemand aus dem Team aus.

Willkommen im lebendigen Alltag eines dynamischen Umfelds – herausfordernd, manchmal überraschend, aber immer voller Möglichkeiten. Das klingt nach Überforderung? Ich bin in meinem Element. Herausforderungen sind mein Element.

Herausforderungen wecken meinen Gestaltungswillen, meine Führungsstärke und meine Leidenschaft für das, was ich tue.

Doch das war nicht immer so. Ich habe lernen müssen, mit Unsicherheiten gut umzugehen, innere Ruhe zu kultivieren und Resilienz nicht nur als Konzept zu verstehen, sondern als gelebte Praxis in meinen Alltag zu integrieren.

Genau darum geht es in diesem Kapitel: Wie wir als Personaler:innen nicht nur selbst stark bleiben, sondern unsere Teams mitnehmen, inspirieren und eine Kultur schaffen, die Wandel nicht fürchtet, sondern willkommen heißt.

5.1 Resilienz beginnt bei mir – Selbstfürsorge ist keine Kür, sondern Pflicht

HR ist Dreh- und Angelpunkt in jeder Organisation. HR ist Ansprechpartner:in für Führungskräfte und Mitarbeitende zugleich – oft in Momenten, in denen es nicht rund läuft: wenn Konflikte brodeln, Veränderungen anstehen oder Unsicherheiten wachsen. Wir beraten, begleiten, vermitteln, beruhigen, motivieren. Kurz: Wir sind da, wenn es zählt.

Resilienz ist für HR kein Nice-to-have – sie ist Grundvoraussetzung. Denn wir tragen viel – emotional, strategisch, menschlich. Wir können nur dann Klarheit und Halt geben, wenn wir selbst zentriert sind.

Resilient zu sein bedeutet nicht, unverwundbar zu sein. Es heißt, mit Herausforderungen konstruktiv umzugehen, Energiequellen bewusst zu pflegen und sich selbst genauso wichtig zu nehmen wie andere.

Wer andere stärken und begleiten möchte, muss zunächst dafür sorgen, dass die eigene Energie stabil ist. Als HR-Chefin im Biotech-Startup habe ich gelernt, dass meine persönliche Verfassung nicht nur mein eigenes Wohlbefinden beeinflusst, sondern unmittelbar die Atmosphäre im Team prägt. Wenn ich hektisch werde, überträgt sich das. Wenn ich dagegen ruhig bleibe, wird auch das Team ruhiger. Wer in hektischen Phasen souverän bleibt, strahlt Ruhe und Zuversicht aus – und überträgt diese Kraft auf das gesamte Umfeld.

Warum Selbstfürsorge so wichtig ist: Selbstfürsorge ist kein nettes Extra und auch keine Ego-Aktion. Sie ist die Grundlage jeder verantwortungsvollen Führung. Wenn ich ausbrenne, fehlt mir die Klarheit, Entscheidungen zu treffen. Wenn ich ständig gestresst bin, übertrage ich das auf mein Team. Nur wenn ich selbst ausgeglichen bin, kann ich anderen den Raum geben, sich zu entfalten und in stürmischen Phasen souverän zu reagieren.

Deshalb betrachte ich Selbstfürsorge als strategischen Erfolgsfaktor und habe sie fest in meinem Alltag verankert.

Meine wichtigsten Energiequellen und wie ich sie im Alltag nutze
- **Morgenroutine mit Achtsamkeitsritualen**: Ich starte meinen Tag bewusst langsam – 10 min Meditation oder Atemübung, ein Glas Wasser mit Zitrone und eine kurze Reflektion: Was sind heute meine drei

wichtigsten Prioritäten? Dieser achtsame Beginn setzt den Ton für den gesamten Tag.
- **Regelmäßige Check-ins mit mir selbst**: Mindestens alle zwei bis drei Stunden halte ich kurz inne. Ein kurzer Spaziergang zum Fenster, ein paar bewusste Atemzüge oder ein Glas Wasser. Diese kleinen Unterbrechungen wirken Wunder für meine Konzentration.
- **Digitale Auszeiten**: Abseits von Meetings und E-Mails lege ich Zeiten ohne Bildschirm fest. Manchmal ist es nur eine Viertelstunde zwischen zwei Calls, manchmal ein halber Tag am Wochenende – aber immer ohne Smartphone oder Laptop.
- **Bewegungspausen**: Ob ein schneller Spaziergang um den Block nach dem Lunch oder eine halbe Stunde Yoga am Morgen – körperliche Aktivität bringt meinen Kreislauf in Schwung und verschafft mir Abstand von belastenden Gedanken.
- **Journaling**: Drei Minuten morgens, in denen ich Gedanken, Gefühle und To-dos niederschreibe, wirken wie eine mentale Klarsicht-Kur. Am Ende jedes Tages nehme ich mir fünf Minuten Zeit, um drei Erfolge aufzuschreiben – egal wie klein. Dieses Dankbarkeitsjournal erinnert mich daran, was gelingt, statt mich auf das zu fokussieren, was noch offen ist.
- **Austausch**: Mentoring-Gespräche mit vertrauten Kolleg:innen, regelmäßige Calls mit meiner besten Freundin, die selbst im HR-Bereich arbeitet, und wertvolle Inputs in professionellen Netzwerken helfen mir, neue Perspektiven zu gewinnen.
- **Natur**: Ein Wochenende in den Bergen, ein kurzer Spaziergang durch den nahegelegenen Park, das bewusste Barfußlaufen auf feuchtem Gras – all das erdet mich und stärkt meinen Fokus.

> **Zusätzliche Tipps und Strategien für deine Selbstfürsorge**
> - Mentale Toolbox aufbauen
>   - **Visualisierung**: Stelle dir einen sicheren Ort vor, an den du gedanklich in Stressmomenten zurückkehren kannst – ein Strand, ein Wald oder eine Hütte. Kurz hineinzufühlen gibt schnell Ruhe.
>   - **Affirmationen**: Notiere dir kraftvolle Sätze wie „Ich bin genug" oder „Ich vertraue meiner Führungskompetenz" auf Post-its und platziere sie sichtbar zu Hause im Bad, am Kühlschrank und in deinem Büro.

- **Soziale Ressourcen aktivieren**
  - **Buddy-System**: Vereinbare mit einer Kollegin oder einem Kollegen regelmäßige Check-ins, um Stress und Herausforderungen zu teilen.
  - **Rückzugsnetzwerk**: Baue ein kleines Netzwerk aus Freunden:innen, Familienmitgliedern oder Coaches auf, die dir zuhören und dich emotional unterstützen.
- **Grenzen setzen und Sprache achten**
  - **Verträge mit dir selbst**: Lege klare Zeiten fest, an denen du nicht arbeitest – und kommuniziere sie offen.
  - **Sprache der Selbstfürsorge**: Formuliere Gedanken und Bitten so, dass sie deine Bedürfnisse respektvoll adressieren („Ich brauche gerade eine Pause, können wir das Meeting um 10 min verschieben?").
- **Sinnorientierte Pausen gestalten**
  - **Microlearning**: Nutze kurze Pausen, um ein inspirierendes Zitat zu lesen oder eine Podcast-Episode anzuhören.
  - **Flow-Momente fördern**: Plane Tätigkeiten, bei denen du besonders aufgehen kannst – wie zum Beispiel kreatives Schreiben oder Zeichnen.
- **Regeneration auf mehreren Ebenen**
  - **Körperlich**: Achte auf einen ausgewogenen Schlaf-Wach-Rhythmus und tanke bewusst Vitamin D an der frischen Luft.
  - **Emotional**: Lache bewusst – schaue dir ein kurzes Comedy-Video an oder lache mit deiner Familie.
  - **Geistig**: Führe ein kleines Ideenbuch, in dem du Impulse und Gedanken sammelst, ohne sie sofort zu bewerten.

Persönliche Geschichte: In einer Phase, in der mein Kalender vor Meetings platzte und mein Postfach explodierte, merkte ich, wie ich innerlich zerriss. Erst als ich mir morgens wieder 15 min absolute Stille gönnte – ohne Handy, ohne E-Mail-Check – war ich wieder handlungsfähig. Diese kurze Zeit hat meine Produktivität verbessert und mir geholfen, klare Prioritäten zu setzen.

Neben diesen Basics haben sich bei mir folgende drei Strategien als besonders wirkungsvoll erwiesen, um Selbstfürsorge in einen hektischen Alltag zu integrieren:

Tipps
Tipp 1: Eine strukturierte Morgenroutine – Dein persönlicher Kraftmoment

- **Ziel:** Den Tag in Balance starten und inneren Widerstand minimieren.
- **Wie:** Stehe 30 min früher auf als dein Umfeld. Diese Zeit gehört ganz dir:
    1. **Bewegung:** Drei bis fünf Minuten Dehnübungen oder eine kurze Meditation.
    2. **Reflexion:** Notiere morgens drei Dinge, für die du dankbar bist, und drei klare Ziele, die du heute erreichen willst.
    3. **Visualisierung:** Stell dir vor, wie du souverän durch den Tag gehst – etwa ein schwieriges Meeting meisterst oder eine knifflige Entscheidung triffst.
- **Effekt:** Du nimmst den Tag nicht passiv hin, sondern gestaltest aktiv. Dein innerer Autopilot wird entschärft, und du startest fokussierter.

Tipp 2: Grenzen setzen – Das kleine Wort mit großer Wirkung

- **Ziel:** Überlastung verhindern und Respekt für deine Zeit schaffen.
- **Wie:**
    1. **Analyse:** Schreibe eine Woche lang auf, bei welchen Terminen oder Anfragen du dich gestresst oder genötigt fühlst, sofort zuzusagen.
    2. **Priorisieren:** Klassifiziere jede Aufgabe nach Dringlichkeit und Wichtigkeit (Methode Eisenhower-Matrix, Kellner 2020).
    3. **Nein-Sagen üben:** Formuliere höfliche, aber klare Absagen („Ich kann das aktuell nicht übernehmen, da ich an Priorität X arbeite. Vielleicht kann ich dir in zwei Wochen helfen.").
- **Effekt:** Du gewinnst Freiräume, um dich auf langfristige Ziele zu konzentrieren, und dein Team lernt, deine Zeit wertzuschätzen.

Tipp 3: Schlaf- und Ernährungsmanagement – Fundamentale Resilienzbooster

- **Ziel:** Körperliche und geistige Regeneration sicherstellen.
- **Wie:**
    1. **Schlafhygiene:** Schaffe eine feste Schlafenszeit. Minimiere Bildschirmnutzung eine Stunde vor dem Zubettgehen. Sorge für eine ruhige, dunkle Umgebung und eine angenehme Temperatur.
    2. **Ernährung:** Integriere kleine Protein- und Gemüse-Snacks, um deinen Blutzuckerspiegel stabil zu halten. Trinke ausreichend Wasser (mindestens 1,5 L täglich).

> 3. **Achtsames Essen:** Nimm dir Zeit für deine Mahlzeiten. Esse bewusst und langsam – das fördert die Verdauung und erlaubt dir, frühzeitig Hunger- oder Sättigungssignale wahrzunehmen.
> - **Effekt:** Ein klarer Kopf, weniger Stimmungsschwankungen und eine robuste körperliche Grundlage, um Druckphasen besser zu meistern.

Jede dieser Strategien lässt sich flexibel in deinen Alltag integrieren – ohne großen Aufwand, aber mit großer Wirkung. Selbstfürsorge ist kein Luxus, sondern eine Investition in die eigene Widerstandskraft.

Gute Selbstfürsorge ermöglicht auch in hektischen Zeiten gelassen zu bleiben.

> **Dein 14-Tage-Boost: Kleine Schritte, große Wirkung**
>
> **Übung 1** – Wähle eine dieser Strategien aus, die du in den nächsten 14 Tagen ausprobieren möchtest. Führe ein kurzes Tagebuch, wie sie wirkt – und reflektiere am Ende: Was hat dir geholfen? Was wirst du beibehalten?
> **Übung 2 – Dein persönliches Selbstfürsorge-Manifest**
>
> 1. Schreibe deine fünf wichtigsten Energiequellen auf – physisch, emotional, mental und sozial.
> 2. Formuliere für jede Quelle eine konkrete Maßnahme (z. B. „Jeden Dienstag Yoga-Kurs", „Einmal pro Woche Telefonat mit Mentor*in").
> 3. Lege einen Wochenplan an, in den du diese Maßnahmen verbindlich einträgst.
> 4. Reflektiere nach zwei Wochen: Wie hat sich dein Energielevel verändert? Was hat gut funktioniert, was kannst du anpassen?

5.2 Stress als Treibstoff – Warum Druck nicht der Feind sein muss

Stress ist nicht per se schlecht. Er zeigt: Etwas ist uns wichtig. Er kann antreiben, fokussieren, Energien freisetzen. Aber nur, wenn wir ihn bewusst steuern. Ich habe in turbulenten Phasen gelernt, Stress umzudeuten: nicht als Bedrohung, sondern als Hinweis auf Wachstumschancen.

a) **Was Stress bewirken kann:**

- **Fokus:** In Druckmomenten sortiert unser Gehirn automatisch unwichtige Informationen aus – perfekt für Entscheidungen unter Zeitdruck.
- **Motivation:** Ein gesunder Anteil an Stress steigert unsere Leistungsbereitschaft und Kreativität.
- **Lernimpuls:** Stresshafte Situationen forcieren Anpassungen und fördern die Entwicklung neuer Strategien.

b) **Reframing in der Praxis:** Statt zu denken „Das ist zu viel für mich", stelle ich mir oder meinem Team Fragen wie:

- „Welche Kompetenzen wachsen hier gerade?"
- „Wo haben wir schon Ähnliches gemeistert und was können wir daraus mitnehmen?"
- „Wie können wir Stress nutzen, um uns zu verbessern?"

Diese Perspektivwechsel schaffen Mut, lenken den Blick weg vom Problem hin zu Chancen und stärken das gemeinsame Wir-Gefühl.

c) **Impulse aus der Forschung:**

- Menschen, die Stress als hilfreich wahrnehmen, zeigen deutlich weniger körperliche Beschwerden und bleiben langfristig gesünder (McGonigal 2018).
- Ob Stress hinderlich ist, kann davon abhängen, ob er grundsätzlich negativ betrachtet wird oder an die positiven Effekte von Stress geglaubt werden (Crum et al. 2013).

Um Stress als Treibstoff effektiv zu nutzen, habe ich im Laufe der Jahre verschiedene Strategien und Massnahmen entwickelt:

Stressmanagement ist kein einmaliges Projekt, sondern ein kontinuierlicher Begleiter im Arbeitsalltag. Indem wir Stress als wichtigen Indikator sehen, regelmäßig Bilanz ziehen, strategische Pausen einbauen und unsere Resilienz wie einen Muskel trainieren, verwandeln wir Druck in produktive Energie.

1. **Stress-Status-Check – Regelmäßige Bilanz ziehen**
   - **Ziel:** Stresslevel bewusst erheben
   - **Wie:** Einmal pro Woche führe ich im Team eine kurze „Status-Session" ein: Jeder skaliert seinen aktuellen Stress auf einer Skala von 1 (ruhevoll) bis 5 (maximale Belastung). Gemeinsam überlegen wir:
     - Welche Stressoren lassen sich sofort reduzieren?
     - Wo können wir Prioritäten verschieben?
     - Welches Teammitglied kann temporär Unterstützung anbieten?

   Der Effekt: Wir schaffen Transparenz für alle, können frühzeitig gegensteuern und teilen die Verantwortung.

2. **Microbreaks – Kleine Pausen mit großer Wirkung**
   - **Ziel:** Kurzzeitige Entlastung für Körper und Geist
   - **Wie:** Alle 60 bis 90 min eine 2-Minuten-Pause einlegen:

     - Streckübungen am Schreibtisch
     - Ein bewusstes Innehalten mit 3 tiefen Atemzügen
     - Blick aus dem Fenster, um Augen und Kopf zu entspannen

   Der Effekt: Reduktion von mentaler Erschöpfung, eine erhöhte Kreativität nach der Pause und Prävention von Burn-out-Symptomen.

3. **Stress-Muskel-Training – Belastungen schrittweise steigern**
   - **Ziel:** Langfristige Stärkung der individuellen Stressresilienz
   - **Wie:** Ähnlich wie beim körperlichen Training erhöhe ich bewusst die Komplexität kleiner Aufgaben:

     - Start: Eine neue Meeting-Moderationsaufgabe übernehmen.
     - Aufbau: Innerhalb eines Projekts eine knifflige Entscheidung treffen.
     - Spitze: Ein strategisches Pilotprojekt eigenständig planen und durchführen.

Der Effekt: Das Team gewöhnt sich an wachsende Herausforderungen, lernt, Verantwortung zu übernehmen und entwickelt so eine robuste Stresstoleranz.

4. **Positive Stress-Rituale – Rituale schaffen Sicherheit**
   - **Ziel:** Stressmomente gezielt ritualisieren, um Vorhersehbarkeit und Kontrolle zu erhöhen
   - **Wie:** Für wiederkehrende stressige Situationen – etwa Quartalsabschluss oder Messevorbereitung – haben wir ritualisierte Abläufe eingeführt:
     – Ein kurzes „Energizer-Meeting" mit Musik und positiver Einstimmung.
     – Eine feste Abschlussroutine: Feedbackrunde, Dankesworte, Planen des nächsten Schritts.

   Der Effekt: Rituale reduzieren das Gefühl von Ungewissheit, fördern Routine und stärken den Teamzusammenhalt.

5. **Fehlerkultur leben – Scheitern als Sprungbrett verstehen**
   Fehler passieren. Gerade im innovativen Umfeld eines Start-ups. Die Frage ist: Wie gehen wir damit um? Ich plädiere für eine offene Fehlerkultur.
   Für Retrospektiven. Für gemeinsame Lernmomente. Für Gespräche auf Augenhöhe, die nicht mit dem Finger zeigen, sondern sagen: „Was nehmen wir daraus mit?"
   Best Practice: Nach jedem Projekt führen wir eine „Fuck-up-Retrospektive" durch. Nicht, um Schuld zu verteilen – sondern um offen zu reflektieren. Was lief gut? Was nicht? Was machen wir beim nächsten Mal anders? Das Ergebnis: Vertrauen, Lerneffekte, Zusammenhalt.

6. **Das Team stark halten – durch Sinn, Zugehörigkeit und Wertschätzung**
   Menschen bleiben nicht wegen Obstkörben oder Tischkickern. Sie bleiben, weil sie spüren: Ich bin hier wichtig. Ich werde gesehen. Ich bin Teil von etwas Größerem.

Praxisimpulse:

- Wöchentlicher „Wertschätzungs-Moment" im Team-Meeting
- „Warum bin ich hier?"-Reflexion im Onboarding
- Peer-to-Peer-Dankeskarten im Büro sichtbar machen

Beispiel: Wir hatten eine Mitarbeiterin, die kurz vor dem Absprung stand. Ein ehrliches Gespräch über ihre Stärken und ihren Sinn im Team – gepaart mit der Möglichkeit, ein eigenes Projekt zu übernehmen – gab ihr neue Motivation. Heute ist sie eine erfolgreiche und anerkannte Führungskraft.

7. **Inspiration statt Kontrolle – Wie ich andere mitnehme**
Gerade in unsicheren Zeiten braucht es Orientierung. Und Mut. Beides gebe ich nicht durch Kontrolle, sondern durch Vertrauen und Inspiration.
Inspirierende Führung bedeutet:

- Offen über Unsicherheiten zu sprechen
- Visionen zu teilen – auch wenn sie noch ungenau sind
- Fragen zu stellen statt Anweisungen zu geben

Beispiel: Als wir vor der Entscheidung standen, ein ganz neues Geschäftsmodell zu testen, habe ich meine Bedenken offen geteilt – aber auch meine Begeisterung. Diese Ehrlichkeit hat das Team mitgezogen.

8. **Kultur als Fundament – Was uns wirklich trägt**
Kultur ist das, was bleibt, wenn niemand hinschaut. Sie zeigt sich in den kleinen Gesten, in unseren Sprachmustern, in Reaktionen auf Stress. Deshalb arbeite ich kontinuierlich an unserer Unternehmenskultur.
Kulturarbeit konkret

- Regelmäßige Werte-Workshops
- Führungskräfte-Coachings mit Fokus auf emotionaler Intelligenz
- Storytelling in Townhalls: „Was war mein mutigster Moment?"

9. **Mein Kompass – Klarheit, Mut und Herz**
Wenn es turbulent wird, brauche ich Orientierung. Mein innerer Kompass besteht aus drei Werten: Klarheit, Mut und Herz.

- Klarheit heißt: Ich benenne, was ist. Auch wenn es unangenehm ist.
- Mut heißt: Ich gehe voran – auch wenn ich nicht weiß, ob es klappt.
- Herz heißt: Ich sehe/fühle den Menschen hinter der Funktion.

Reflexion: Welcher dieser drei Werte spricht dich am meisten an – und warum?

5.3 Ruhe bewahren – auch wenn's ‚stürmt'

In einem Biotech-Start-up jagt oft eine Veränderung die nächste. Gerade in solch einem Umfeld braucht es Menschen, die auch dann klar und besonnen bleiben, wenn ringsum Hektik ausbricht. Ruhe ist in stürmischen Zeiten kein Luxus – sie ist eine Führungsqualität.

Die Kraft der inneren Ruhe
Innere Ruhe ist kein Zufallsprodukt. Sie entsteht durch bewusste Entscheidungen, Selbstreflexion und die Pflege innerer Stärke. Wer sich aktiv darum bemüht, Ruhe zu kultivieren, schafft einen stabilen Gegenpol zu äußeren Unsicherheiten und genau das brauchen Organisationen, die sich in komplexen, oft unvorhersehbaren Umfeldern bewegen.

Als (HR)-Führungskraft bin ich mir bewußt: Mein Verhalten wirkt immer – auch nonverbal.

Wenn ich ruhig und gelassen bleibe, spüren das die Anderen. Sie orientieren sich an meiner Haltung, gerade dann, wenn sie selbst verunsichert sind. Ruhe schafft Vertrauen. Und Vertrauen ist die Grundlage für psychologische Sicherheit – ein zentrales Element erfolgreicher Teamarbeit.

Psychologische Sicherheit als Ruhefaktor im Start-up und warum sie der Schlüssel zu kollektiver Gelassenheit ist
In einem Biotech-Start-up sind viele Prozesse mit einem Experiment vergleichbar: Hypothesen werden getestet, Rückschläge gehören dazu, der Druck ist hoch. In diesem hochdynamischen Setting entsteht emotionale Unruhe nicht nur durch äußere Anforderungen, sondern auch durch innere Unsicherheiten.

Genau hier setzt psychologische Sicherheit an.

Was bedeutet psychologische Sicherheit konkret?
Psychologische Sicherheit beschreibt das Gefühl, im Team ohne Angst vor Abwertung, Sanktion oder Bloßstellung sprechen zu dürfen – auch (oder gerade) wenn man Fehler macht, eine kritische Meinung hat oder Fragen stellt. Es geht um eine Kultur, in der niemand sich verstellen muss, um dazuzugehören (Edmondson 2020). Und genau das braucht es in hektischen Phasen: einen inneren Ort der Ruhe – nicht nur individuell, sondern auch als Gruppe.

Warum ist das gerade in Start-ups so entscheidend?
Die Situation in einem Start-up ist oft wenig Struktur, wechselnde Rollen, noch unklare Prozesse. Mitarbeiter: innen wissen nicht, was genau erwartet wird oder ob ihre Leistung „ausreicht". Wenn in diesem Umfeld zusätzlich Angst herrscht – etwa vor Fehltritten, Blamage oder Statusverlust – verstärkt sich die innere Anspannung und führt zu Rückzug, Schweigen oder Konflikten. Die Kreativität, Eigeninitiative und das Engagement leiden.

Mit psychologischer Sicherheit dagegen entsteht ein Raum, in dem sich alle entfalten können.

Führungskräfte können viel dazu beitragen, psychologische Sicherheit zu entwickeln. Dazu gehört, dass sie einen Rahmen setzen, in dem niemand befürchten muss, bloßgestellt zu werden.

Dieser Rahmen umfasst Erwartungen, Bewertungen und Regeln für die Arbeit. Nach Amy Edmondson gibt es drei Kernelemente in einem guten Bezugsrahmen:

1. Wertschätzung – echtes Interesse statt oberflächliches Lob

Wenn Mitarbeitende ihre Arbeit als Ausdruck ihrer Persönlichkeit, Intelligenz und Überzeugungen erleben, dann ist jedes Feedback eine sensible Angelegenheit. Deshalb: Zeige echte Wertschätzung. Nicht nur für das Ergebnis – sondern für den Weg dorthin, für die Mühe, das Mitdenken, den Mut. Das kann ein aufrichtiges Danke sein, ein ehrliches Gespräch oder auch eine kleine Geste – von einem Dankesbrief bis zum Bonus. Was zählt, ist, dass du meinst, was du sagst. Und dass du es sagst.

2. Scheitern entstigmatisieren – mit Haltung und Vorbild

Fehler passieren. Immer. Die entscheidende Frage ist: Wie gehen wir damit um?
Als Führungskraft gestaltest du die Fehlerkultur deines Teams – mit jeder Reaktion. Wenn du auf schlechte Nachrichten mit Dankbarkeit reagierst, zeigst du: Es geht nicht um Schuld. Es geht um Entwicklung. Es braucht Mut, sich zu zeigen und diesen Mut dürfen wir feiern. Sag bewusst Sätze wie: „Danke, dass du das offen ansprichst." Oder: „Ich schätze deinen Mut, das zu versuchen – auch wenn es nicht geklappt hat."

3. Klare Grenzen setzen – zum Schutz aller

Psychologische Sicherheit heißt nicht: Alles ist erlaubt. Sie braucht Klarheit, Orientierung – und Konsequenz.
Wenn jemand wiederholt gegen vereinbarte Spielregeln verstößt oder destruktiv handelt, darf das nicht akzeptiert werden. Klare Sanktionen – bis hin zur Trennung – sind manchmal notwendig, um das Team zu schützen. Fair. Transparent. Nachvollziehbar. Konsequenz schafft Sicherheit – nicht Härte. Es geht nicht um Bestrafung, sondern um Haltung. Psychologische Sicherheit ist kein Kuschelkonzept. Sie ist ein echtes Führungsinstrument. Sie entsteht, wenn Wertschätzung, Fehlertoleranz und Konsequenz zusammenkommen. Und wenn die Führungskraft den Mut hat, mit Herz und Rückgrat voranzugehen. Denn wenn Menschen sich sicher fühlen, geben sie ihr Bestes.
Was kann das konkret aussehen?

- In Meetings werden auch unangenehme Themen offen angesprochen.
- Führungskräfte geben zu, wenn sie etwas nicht wissen.
- Fehler werden reflektiert – nicht versteckt.
- Ideen sprudeln, weil niemand Angst hat, ausgelacht zu werden.
- Neue Teammitglieder fühlen sich schnell integriert und gehört.

Meine Praxiserfahrung als HR-Chefin

Ich habe erlebt, wie ein Team, das sich sicher fühlt, in schwierigen Zeiten über sich hinauswachsen kann. In einem Transformationsprozess stand unser Unternehmen vor einer kompletten Reorganisation. Anstelle von Aktionismus wählten wir den Weg der transparenzbasierten Beteiligung: Jedes Teammitglied durfte Vorschläge einbringen. Ich eröffnete die Runde mit den Worten: „Es gibt keine dummen Ideen – nur den Mut, laut zu denken." Diese Einladung wirkte. Wir trafen bessere Entscheidungen, weil niemand innerlich auf „Fluchtmodus" schaltete.

Abb. 5.1 zeigt auf, wie psychologische Sicherheit zu mehr Ruhe beiträgt.

5 konkrete Wege, wie du psychologische Sicherheit aufbaust
1. Fehlerfreundlichkeit vorleben

Sprich selbst über eigene Fehler. Mach sie nicht kleiner, aber auch nicht dramatischer – und teile, was du daraus gelernt hast.

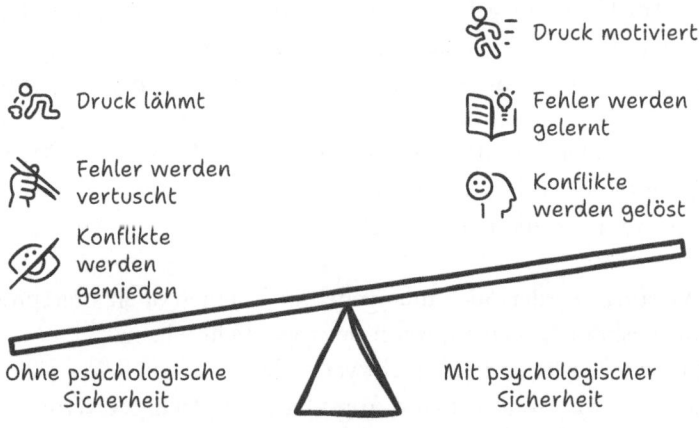

Quelle: Maike July

Abb. 5.1 Psychologische Sicherheit

Beispiel-Formulierung: „Ich habe damals den falschen Kommunikationsweg gewählt – heute weiß ich, wie wichtig persönliche Ansprache ist."

2. Regelmäßig Rückmeldung einholen

Frage in Retros oder Check-ins: „Was brauchst du, um dich sicher und gehört zu fühlen?" Und, nimm die Antworten ernst und handle danach.

3. Verhalten bestärken, nicht nur Ergebnisse

Lobe explizit Mut, Offenheit oder Teamgeist – nicht nur Zielerreichung. So entsteht ein neuer Standard dessen, was „zählt".

4. Klarheit schaffen

Unsicherheit erzeugt Unruhe. Klare Rollen, transparente Ziele und eine ehrliche Kommunikation über Unklarheiten sind beruhigend.

5. Empathisch führen

Nimm emotionale Zwischentöne wahr. Frag nach, wenn jemand still ist. Zeig echtes Interesse.

Psychologische Sicherheit ist kein Soft Skill – sie ist Führungsarbeit

Wer Ruhe im Team ermöglichen will, sollte sich verbindlich, menschlich und mutig zeigen.
Psychologische Sicherheit bedeutet nicht, dass immer Harmonie herrscht. Es heißt: Hier darf es echt sein. Hier darf es auch mal ruckeln – ohne dass jemand Angst haben muss, zu scheitern oder nicht zu genügen. Psychologische Sicherheit bedeutet, dass sich Teammitglieder trauen, ihre Gedanken, Sorgen und Ideen offen zu äußern – ohne Angst vor Bloßstellung oder negativen Konsequenzen. Diese Sicherheit entsteht nicht durch Zufall, sondern durch eine konsequent gelebte Haltung der Wertschätzung und Offenheit.
In der Führungspraxis eines Biotech-Start-ups ist psychologische Sicherheit deshalb mehr als ein Feelgood-Faktor. Sie ist ein elementarer Beitrag zur Leistungsfähigkeit, zur Innovationskraft und zur inneren Stärke jedes Einzelnen.

> **Praxisbeispiel: Die Kraft der Atempause**
>
> In einem Projektmeeting eskalierten die Emotionen: Das Team war überfordert, die Zeit drängte, Entscheidungen mussten getroffen werden. Die Diskussion wurde immer hitziger. Ich habe bewusst eingegriffen – nicht mit Argumenten, sondern mit einem Vorschlag: „Lasst uns drei Minuten schweigen, tief durchatmen und erst dann weitermachen."
> Zuerst herrschte Verwirrung. Doch wir machten es. Und danach veränderte sich die Stimmung spürbar. Die Gespräche wurden konstruktiver, die Köpfe klarer. Eine einfache Atempause hatte den Raum für neue Perspektiven geöffnet.

Meine Strategien für mehr Ruhe im Führungsalltag
1. Mikro-Pausen bewusst einbauen

Kurze Unterbrechungen wirken oft Wunder. Drei tiefe Atemzüge, ein Glas Wasser, ein Blick aus dem Fenster – das alles kann helfen, den inneren Reset-Knopf zu drücken.

Tipp: Blocke dir drei Mini-Auszeiten pro Tag im Kalender. Nenne sie bewusst „Fokus-Zeit" oder „Mentale Pause" – so nimmst du sie ernst.

2. Klare Prioritäten setzen

Unruhe entsteht oft aus dem Gefühl, alles gleichzeitig erledigen zu müssen. Wer Prioritäten setzt, schafft Struktur und Orientierung.

Es hilft, sich täglich zu fragen: Was ist heute wirklich wichtig? Was kann warten? Was kann delegiert werden?

3. Achtsamkeit trainieren

Achtsamkeit ist der Schlüssel zu innerer Ruhe. Sie bedeutet, den Moment bewusst wahrzunehmen – ohne zu werten.

Tipp: Starte den Tag mit einer einminütigen Atemmeditation. Einfach nur sitzen, atmen, spüren. Das erdet.

4. Die innere Haltung überprüfen

Unsere Gedanken bestimmen unsere Emotionen und unsere Emotionen unsere Reaktionen. Wer sich selbst beruhigt, beruhigt auch andere.
Tipp: Statt „Ich habe keine Zeit!" sage: „Ich entscheide, was heute Priorität hat." Sprache formt Haltung.

5. Grenzen setzen – auch als Vorbild

Ruhe braucht Raum. Und Raum braucht Grenzen. Wer ständig verfügbar ist, signalisiert: Pausen sind nicht wichtig.
Tipp: Pünktlich aus Meetings gehen, Übergangszeiten einplanen, das Handy bewusst ausschalten.

6. Psychologische Sicherheit stärken

Sprich Unsicherheiten an, lade aktiv zur Meinungsäußerung ein und reagiere auf Fehler mit Offenheit statt Sanktion. So entsteht ein Klima, in dem sich alle zeigen dürfen – auch mit ihren Schwächen.

7. Emotionales Containment praktizieren

Als Führungskraft übernehme ich Verantwortung dafür, Emotionen im Team wahrzunehmen, zu benennen und zu halten – ohne sie zu verdrängen oder zu verstärken. Das schafft emotionale Klarheit und beruhigt die Gruppe.

8. Körperwahrnehmung schärfen

Manchmal meldet sich der Körper früher als der Kopf. Wer achtsam auf Körpersignale achtet, erkennt Stress frühzeitig.
Tipp: Entwickle eine persönliche Stress-Ampel – grün, gelb, rot – und überlege, was dir in jeder Phase hilft.
In hektischen Zeiten ist innere Ruhe Gold wert. Ich trainiere sie täglich – durch Achtsamkeit, durch bewusste Atemübungen, durch klare

Priorisierung. Ich erlaube mir Pausen. Ich spreche sie sogar laut aus: „Ich gehe jetzt kurz raus, um meine Gedanken zu sortieren." Das wirkt. Und es gibt anderen die Erlaubnis, es auch zu tun.

5.4 Perspektivwechsel wagen – Aus Problemen Chancen machen

Herausfordernde Situationen rufen häufig reflexartige Reaktionen hervor: Ärger, Frust, Rückzug. Doch hier entscheidet sich, ob eine Erfahrung lähmt oder stärkt. Resiliente Menschen unterdrücken ihre Emotionen nicht. Sie erlauben sich, zu fühlen, und stellen sich dann eine zentrale Frage: Was kann ich aus dieser Situation lernen?

Dieser innere Perspektivwechsel verändert nicht die Situation – aber er verändert die Haltung ihr gegenüber. Der Fokus verschiebt sich: Weg vom Scheitern, hin zur Erkenntnis. Vom Kontrollverlust zur Selbstwirksamkeit. Und genau hier beginnt Resilienz zu wirken: Im Moment, in dem der Blick nicht länger beim Problem verweilt, sondern sich der Lösung zuwendet.

Ein Beispiel aus dem HR-Alltag eines Start-ups zeigt dies deutlich: Ein aufwendig entwickeltes Projekt zur Mitarbeiterbindung greift nicht. Wochenlange Vorbereitung – scheinbar umsonst. Doch bei näherem Hinsehen wird klar: Das Team war durch eine vorausgegangene Reorganisation verunsichert. Vertrauen war noch nicht wieder aufgebaut. Die Maßnahme konnte deshalb nicht greifen. Die Erkenntnis? Bindung braucht eine stabile Kulturbasis. Diese Einsicht verändert künftige Projekte grundlegend und verwandelt ein Scheitern in einen strategischen Wendepunkt.

Resilienz bedeutet, nicht im Rückblick zu verharren, sondern weiterzudenken:

- Was ist die Botschaft hinter dieser Erfahrung?
- Was wäre die stärkste Version meiner Reaktion?
- Welche Handlungsmöglichkeiten bleiben, auch wenn der äußere Spielraum kleiner wird?

Manchmal hilft bereits eine kleine Frage, um Denkblockaden zu durchbrechen:

- Was ist das Beste, was in dieser Lage passieren könnte?
- Was würde ich einer Kolleg:in in dieser Situation raten?
- Wie wird diese Erfahrung in einem Jahr bewertet werden?

Solche Reflexionen stärken die innere Führung – jenen Kompass, der auch bei Gegenwind Orientierung bietet.

Loslassen – Gelassenheit im Umgang mit dem Unplanbaren

Planung ist im Start-up-Alltag wichtig. Doch wer glaubt, sich durch Kontrolle gegen Unsicherheit wappnen zu können, irrt. Kontrolle gibt vermeintlich Sicherheit – tatsächlich aber ist sie oft ein Trugbild. Die Realität bleibt unplanbar, trotz sorgfältiger Vorbereitung verläuft vieles anders als gedacht.

Der entscheidende Unterschied liegt nicht in der Fähigkeit zur Kontrolle, sondern in der Bereitschaft, loszulassen. Loslassen heißt nicht: mir ist alles egal.

Loslassen heißt: Ich erkenne den Unterschied zwischen dem, was ich beeinflussen kann und dem, was ich akzeptieren darf. Genau hier liegt der Schlüssel: Resilienz heißt nicht, alles kontrollieren zu wollen. Sondern zu wissen, wo es sich lohnt, Energie zu investieren – und wo nicht.

Das ist eine der größten Resilienz-Fähigkeiten überhaupt. Sie bringt dir innere Ruhe, Klarheit und Entscheidungsstärke – auch (und gerade) wenn außen das Chaos tobt.

Stephen Covey hat dafür ein einfaches, aber kraftvolles Modell beschrieben, den „Circle of Influence" (Covey 2024). Es zeigt auf, dass es in unserem Leben Dinge gibt, die wir direkt kontrollieren können und andere, über die wir keine echte Kontrolle haben.

Covey unterscheidet drei verschiedene Bereiche: den Circle of Concern (Kreis der Bedenken), den bereits angesprochenen Circle of Influence (Kreis des Einflusses) und den Circle of Control (Kreis der Kontrolle).

1. Der äußere Kreis: Sorgen, die dich klein halten

Im Kreis der Bedenken (Circle of Concern) tummeln sich all die Themen, über die wir oft stundenlang grübeln. Die Nachrichtenlage. Politische Entscheidungen. Das Verhalten anderer. Dinge, die uns aufwühlen – aber auf die wir keinen direkten Einfluss haben.

Und hier kann es kritisch werden: Je mehr Energie diesen äußeren Themen gegeben wird, desto mehr rauben sie den inneren Frieden. Sich nicht in Grübeleien verlieren, sondern die Energie bewusst lenken.

Zu erkennen, was nicht zu ändern ist, hilft damit Frieden zu schließen. Es ist kein Aufgeben. Es ist ein Akt der Selbstfürsorge.

2. Der mittlere Kreis: Einfluss ohne Kontrolle – trotzdem nicht machtlos

Der Kreis des Einflusses (Circle of Influence) ist der Raum, in dem du nicht alles entscheiden kannst – aber sehr wohl etwas bewirken kannst.

Nehmen wir ein Beispiel aus dem Start-up-Alltag: Du hast eine geniale Idee für ein Projekt, aber du entscheidest nicht, ob es umgesetzt wird. Was du aber tun kannst? Die Idee durchdenken, sie überzeugend präsentieren, andere dafür begeistern. Dein Engagement zählt und dein Einfluss ist real.

3. Der innere Kreis: Hier liegt deine wahre Kraft

Im Kreis der Kontrolle (Circle of Control) liegt dein wahres Potenzial. Er umfasst all die Dinge, auf die du direkt Einfluss nehmen kannst. In diesen Bereich fallen unsere eigenen Handlungen, unsere eigene innere Einstellung und unsere Reaktionen auf Ereignisse.

Hier haben wir die größte Macht und Autonomie. Denn wir sind direkt in der Lage, unser Verhalten und unsere Einstellung zu ändern.

Ob du dich in der Hektik verlierst oder bewusst durchatmest. Ob du dich ärgerst oder lernst. Ob du dich klein machst oder aufrichtest. Das liegt ganz bei dir. Hier beginnt echte Souveränität. Hier beginnt Führung – bei dir selbst.

Viele Menschen verbringen 80 % ihrer Energie im äußeren Kreis – dort, wo sie nichts ausrichten können. Das ist frustrierend, kräftezehrend und lähmend.
Resiliente Menschen hingegen fokussieren sich auf Kreis 2 und 3. Sie fragen sich:

- Was liegt in meiner Hand?
- Was kann ich jetzt konkret tun – auch wenn es nur ein kleiner Schritt ist?

Diese Fokussierung schafft nicht nur Handlungsspielraum, sie schafft auch Gelassenheit.

Reflexion als Schlüssel zur Resilienz

Resilienz ist keine angeborene Eigenschaft – sie ist trainierbar. Und sie beginnt mit Selbstreflexion.

Wöchentliche Übung 1 – Rückblick
Zum Wochenabschluss drei kurze Fragen schriftlich beantworten:

- Was war der größte Stressmoment?
- Was hat dieser über die eigene Reaktion offenbart?
- Was lässt sich daraus für die Zukunft ableiten?

Tägliche Übung 2 – Fokus-Check
Drei Kreise auf Papier zeichnen:

- Innerer Kreis: Was liegt heute in meiner Kontrolle?
- Mittlerer Kreis: Worauf habe ich Einfluss?
- Äußerer Kreis: Was lasse ich bewusst los?

Diese Struktur schafft Klarheit, insbesondere an hektischen Tagen.

Gelegentliche Übung 3 – Kontrollmuster aufdecken
Zeit nehmen für die Fragen:

- Wo wird gerade versucht, Kontrolle um jeden Preis aufrechtzuerhalten?
- Welche Ängste stecken dahinter?
- Was würde sich verändern, wenn losgelassen würde?

Solche Rituale machen Resilienz im Alltag greifbar. Sie zeigen: Gelassenheit ist keine Schwäche, sondern eine Entscheidung für Klarheit.

5.5 Resilienz als Führungsqualität

Führung in Start-ups ist kein statisches Konzept. Sie ist dynamisch, oft unvorhersehbar – und gerade deshalb zutiefst menschlich. In diesem Spannungsfeld entfaltet Resilienz ihre besondere Relevanz. Nicht als bloßes Durchhaltevermögen, sondern als gelebte Fähigkeit, auch unter Druck Orientierung zu geben, Vertrauen zu bewahren und handlungsfähig zu bleiben.

Resiliente Führungspersönlichkeiten zeichnen sich nicht durch unerschütterliche Stärke aus, sondern durch bewusste Selbststeuerung. Sie kennen ihre eigenen Stressmuster, reflektieren ihre Reaktionen und schaffen damit die Basis für Klarheit im Außen. Wer sich selbst gut führt, kann andere sicherer begleiten.

In der Praxis zeigt sich resiliente Führung auf mehreren Ebenen:

Resiliente Führungspersönlichkeiten behalten auch dann den Überblick, wenn andere ins Wanken geraten. Sie strahlen Ruhe aus – nicht, weil sie alles unter Kontrolle haben, sondern weil sie sich auf das Wesentliche fokussieren: das Team stärken, den nächsten Schritt gehen, Orientierung geben. Diese emotionale Konstanz wirkt ansteckend – und schenkt dem Umfeld Sicherheit.

1. Fehler als Lernimpulse begreifen

Resiliente Führung bedeutet, mit Fehlern nicht nur umzugehen, sondern aktiv aus ihnen zu lernen. Rückschläge werden nicht beschönigt –

sie werden analysiert, reflektiert und in zukünftige Entscheidungen integriert. Diese Haltung prägt eine konstruktive Fehlerkultur, in der Vertrauen, Lernbereitschaft und Innovationskraft wachsen können. Sie erlaubt es Teams, mutig zu handeln – ohne Angst vor Repressalien, sondern im Wissen, dass Entwicklung Teil des Weges ist.

2. **Fokus auf Selbstwirksamkeit statt Kontrollillusion**

Statt alle Eventualitäten absichern zu wollen, setzen resiliente Führungskräfte auf Eigenverantwortung und Priorisierung. Sie differenzieren klar zwischen dem, was gestaltbar ist, und dem, was losgelassen werden darf. Diese Fähigkeit zur Unterscheidung führt zu klügerem Ressourceneinsatz, entlastet das Führungshandeln und stärkt gleichzeitig das Vertrauen ins Team. Es geht nicht darum, alles im Griff zu haben, sondern den eigenen Einflussbereich wirksam zu nutzen.

3. **Kommunikation mit Haltung und Offenheit**

Gerade in unsicheren Phasen ist transparente Kommunikation ein Zeichen von Stärke. Resiliente Führungspersönlichkeiten sprechen nicht nur über das, was gut läuft, sondern benennen auch Herausforderungen ehrlich. Dabei behalten sie einen lösungsorientierten Ton, fördern Dialog und schaffen Räume, in denen Emotionen ebenso Platz haben wie Ideen. Diese Kommunikation auf Augenhöhe fördert Loyalität, Vertrauen und Zusammenhalt.

4. **Vorbild sein – auch (und gerade) im Wandel**

Resiliente Führung lebt vom Vorleben. Nicht in Form von Perfektion, sondern durch Authentizität. Wer als Führungskraft mit Druck, Unplanbarkeit und Rückschlägen bewusst umgeht, wird zum Orientierungsanker. Es ist das Verhalten in unruhigen Zeiten, das Teams prägt.

Resilienz ist damit keine Ergänzung zur Führung – sie ist ihr Fundament. Sie befähigt dazu, auch inmitten von Unklarheit tragfähige Entscheidungen zu treffen. Sie wirkt stärkend, nicht nur auf persönlicher Ebene, sondern als kultureller Impuls im gesamten Unternehmen. Denn wo Resilienz gelebt wird, entsteht ein Klima aus Stabilität, Lernbereitschaft und Zukunftsvertrauen – und genau das ist die Führungsqualität, die Start-ups in stürmischen Zeiten wirklich brauchen.

Die 10 wichtigsten Key Takeaways

1. Resilienz ist lernbar – Sie beginnt bei einem selbst und ist ein kontinuierlicher Prozess. Wer souverän führen will, sollte zuerst auf sich selbst achten.
2. Selbstfürsorge ist der Schlüssel – Achtsame Routinen und kleine, bewusste Maßnahmen im Alltag stärken den Fokus und die Gelassenheit, um auch in stürmischen Zeiten handlungsfähig zu bleiben.
3. Grenzen setzen für mehr Resilienz – Wer „Nein" sagt und Prioritäten setzt, schützt seine Ressourcen und schafft Raum für Regeneration und Führungskompetenz.
4. Stress ist ein Wachstums-Booster – Reframing von Stress als Chance. Die Frage ist nicht, wie Stress zu vermeiden ist, sondern wie ihn zu nutzen.
5. Praktische Tools zur Stressbewältigung – Mit dem Stress-Status-Check* und Microbreaks** verwandelt sich Druck in Stärke und schafft ein Klima von Vertrauen und Handlungsfähigkeit.
6. Die innere Haltung entscheidet, wie Stress empfunden wird.
7. Psychologische Sicherheit schafft Gelassenheit – In einem hektischen Arbeitsumfeld wie einem Start-up ist psychologische Sicherheit der Schlüssel zu Vertrauen und Kreativität.
8. Führung bedeutet emotionale Verantwortung – Durch klare Kommunikation, Haltung und Empathie wird emotionale Stabilität aufgebaut.
9. Innere Ruhe wirkt auf alle – Die eigene Resilienz stärkt nicht nur einen selbst, sondern auch das Team, selbst ruhig und fokussiert zu bleiben.
10. Loslassen ist Selbstführung – Wahre Sicherheit entsteht nicht durch Kontrolle, sondern durch Vertrauen. Loslassen heißt nicht Schwäche, sondern die bewusste Entscheidung, Verantwortung dort abzugeben, wo Vertrauen die bessere Lösung ist.

Stress-Status-Check* (60 s)

Stell dir zwischendurch diese 4 Fragen:

1. Wie fühlt sich mein Körper an? (z. B. verspannt, ruhig)
2. Was geht mir durch den Kopf?
3. Wie gestresst bin ich (Skala 1–10)?
4. Was brauche ich jetzt wirklich?

So schaltest du vom Autopilot in den Gestaltungsmodus.
Microbreaks (1–5 Min)

1. **Box Breathing:**
   4 s einatmen – 4 halten – 4 ausatmen – 4 halten (4 Runden), beruhigt sofort.
2. **Walk & Breathe:**
   2 min bewusst gehen – ohne Handy, bringt Klarheit und Sauerstoff.
3. **Reset der Sinne:**
   Ein Glas Wasser bewusst trinken oder 1 Min. Naturbild anschauen, stoppt das Gedankenkarussell.
4. **Musik oder Mini-Meditation:**
   2 min entspannende Klänge, entspannt nach Gesprächen oder bei Druck.

Literatur

Covey S (2024) Die 7 Wege zur Effektivität: Prinzipien für persönlichen und beruflichen Erfolg. Gabal, Offenbach

Crum AJ, Salovey P, Achor S (2013) Rethinking stress: the role of mindsets in determining the stress response. J Person Social Psychol 104(4):716–733. https://www.uni-mannheim.de/forschung-erleben/artikel/stress-ist-nicht-immer-schlecht/. Zugegriffen am 01.05.2025

Edmondson AC (2020) Die angstfreie Organisation. Wie Sie psychologische Sicherheit am Arbeitsplatz für mehr Entwicklung, Lernen und Innovation schaffen. Franz Vahlen, München

Kellner A (2020) Eisenhower-Matrix: Priorisieren nach dem Prinzip Eisenhower. https://www.agilement.de/blog/eisenhower-matrix-priorisieren-nach-dem-prinzip-eisenhower/. Zugegriffen am 25.04.2025

Max Planck Gesellschaft. Max Planck Institut für Psychiatrie (2023) Studie Gene beeinflussen Stressreaktion. https://www.mpg.de/21170757/gene-beeinflussen-stressreaktion. Zugegriffen am 01.05.2025

McGonigal K (2018) Glücksfaktor Stress: Warum Stress uns erfolgreich und gesund macht. TRIAS, Stuttgart

6

Innovationskultur fördern – Gemeinsam Zukunft gestalten

Innovation ist kein Zufallsprodukt, sie ist die Kultur und die DNA eines Biotech- Start-ups.

„Innovation beginnt dort, wo Vielfalt auf Offenheit trifft."

Zusammenfassung Innovation ist kein Zufall – sie entsteht dort, wo Menschen sich trauen, anders zu denken, und wo Vielfalt nicht nur toleriert, sondern gefeiert wird. In einem Biotech-Start-up ist Innovationskraft überlebenswichtig – und sie beginnt im Team. Dieses Kapitel zeigt, wie HR den Boden für echte Innovationskultur bereiten kann. Durch gezielte Förderung psychologischer Sicherheit, durch Räume für Querdenker, durch ein offenes Mindset und mutige Führung. Vielfalt im Team wirkt dabei wie ein Katalysator, denn sie bringt neue Perspektiven, hinterfragt Routinen und öffnet Wege, die vorher niemand sah. HR wird zum Kulturarchitekt:in, gibt praktische Impulse, Übungen und Reflexionen für den Alltag. Zukunft entsteht da, wo Neues willkommen ist und Menschen den Mut haben, es gemeinsam zu gestalten.

Wörtlich übersetzt bedeutet Innovation (lat. innovatio) „Neuerung" oder „Veränderung". Doch allein durch die Übersetzung erklärt sich nicht unbedingt, was mit dem Begriff Innovation überhaupt gemeint ist – dazu braucht es eine Definition:

Innovation wird in der Umgangssprache im Sinne von neuen Ideen und Erfindungen und deren wirtschaftliche Umsetzung verwendet. Im engeren Sinne resultieren Innovationen erst dann aus Ideen, wenn diese in neue Produkte, Dienstleistungen oder Verfahren umgesetzt werden, die tatsächlich erfolgreich Anwendung finden und den Markt durchdringen (Wikipedia 2025).

Es gibt so gut wie kein Unternehmen, in dessen Unternehmensvision, Leitbild oder strategischen Grundsätzen der Begriff Innovation nicht vorkommt.

Aber, nur weil es im Strategiepapier steht, heißt das noch lange nicht, dass Innovation im Alltag gelebt wird. Und genau da liegt die Herausforderung.

Dabei ist längst klar, Innovation ist kein nettes Extra. Sie ist der Motor für Wachstum, Fortschritt und Zukunftsfähigkeit. Trotzdem stehen viele Unternehmen vor denselben Fragen:

Was ist eigentlich wirklich innovativ und was nur alter Wein in neuen Schläuchen? Wie entstehen aus einer Idee greifbare, marktreife Lösungen, sei es ein neues Produkt, ein smarter Prozess oder ein Service, der begeistert?

Und vor allem: Wie gelingt es, Innovation nicht als Ausnahme, sondern als Teil der DNA eines Start-ups zu leben?

Die Antwort ist klar: Innovation darf kein Zufallsprodukt sein. Sie braucht Struktur, Mut und vor allem eine Kultur, die Raum für neue Gedanken lässt – und sie nicht im Keim erstickt.

Studien zeigen: Unternehmen, die kontinuierlich innovieren, wachsen nicht nur schneller – sie sind auch profitabler. Doch einmal ein innovatives Projekt umzusetzen, reicht nicht. Es geht darum, Innovationskraft dauerhaft im Unternehmen zu verankern.

Ein wirklich innovatives Unternehmen erkennt man daran, dass es ständig neue Ideen hervorbringt und diese erfolgreich in die Realität bringt. Es fördert ein Klima, in dem Menschen sich trauen, umzudenken, Neues zu wagen und bestehende Wege zu hinterfragen.

6 Innovationskultur fördern – Gemeinsam Zukunft gestalten

Die entscheidende Frage ist also nicht mehr, ob Innovation wichtig ist – sondern wie sie gelebt wird.

Innovation beginnt nicht im Labor oder in der Strategieabteilung. Sie beginnt im Kopf. Und im Herzen. Sie entsteht da, wo Menschen sich sicher fühlen, ihre Gedanken auszusprechen, auch wenn sie unbequem oder noch unfertig sind.

Gerade in einem Biotech-Start-up ist Innovation kein „nice to have", sondern überlebenswichtig. Doch sie lässt sich nicht verordnen. Sie sollte gelebt werden. Von Menschen, die sich trauen. Von Teams, die Vielfalt als Stärke sehen. Von Führung, die Raum lässt für Neues.

Dieses Kapitel zeigt, wie HR den Nährboden dafür schaffen kann. Wie eine Kultur gestärkt wird, die nicht nur erlaubt, sondern ermutigt, anders zu denken. Denn wer heute Zukunft erfolgreich gestalten will, muss bereit sein, Sicherheit gegen neue Möglichkeiten zu tauschen.

Und wie jede Kultur lebt sie von Menschen, von Haltungen, von mutigen Entscheidungen im Kleinen wie im Großen. Besonders im Biotech-Start-up, wo Fortschritt nicht optional, sondern überlebenswichtig ist, entscheidet die gelebte Innovationskultur über Erfolg oder Scheitern.

Dieses Kapitel kann ein Kompass sein:

- Wie wird Innovationskraft in der Organisation verankert?
- Wie wird Vielfalt zum echten Innovationsmotor?
- Und wie werden Räume geschaffen, in denen Neues willkommen ist?

6.1 Innovationskraft im Team verankern

Innovation beginnt nicht erst im Labor. Sie beginnt im Denken. In den Gesprächen, die wir führen. In der Art, wie wir zuhören. In der Freiheit, Dinge infrage zu stellen und im Mut, neu zu denken.

Doch: Wie oft verpuffen gute Ideen, weil niemand sie aufgeschrieben hat? Wie viele Impulse gehen verloren, weil der Raum fehlt, sie zu äußern? Wie viele Mitarbeitende verstummen innerlich, weil sie das Gefühl haben, dass ihre Gedanken nicht zählen?

Deshalb darf Innovation kein Zufallstreffer mehr sein. Sie muss Teil der Unternehmens-DNA werden – systematisch, sichtbar und von HR bewusst begleitet.

Stell dir als HR die richtigen Fragen
- **Gibt es eine Struktur, die Ideen überhaupt sichtbar macht?**
  Ideen entstehen oft spontan: beim Kaffee holen, im Projektmeeting, während der Mittagspause. Wenn sie nicht notiert, geteilt oder systematisch gesammelt werden, verschwinden sie. Innovation braucht ein Gedächtnis. Eine Plattform. Eine Kultur des Festhaltens – ohne sofortige Bewertung.
- **Gibt es Räume für unkonventionelle Vorschläge – auch abseits des Tagesgeschäfts?**
  Wer ständig zwischen Meetings, KPIs und Deadlines rotiert, findet selten die geistige Freiheit, Neues zu denken. Kreativität braucht Pausenräume, Denkfenster, Schutzräume. Innovation entsteht selten „auf Knopfdruck", sondern im kreativen Spiel.
- **Feiern wir Experimente – oder nur Ergebnisse?**
  Innovation ist kein linearer Prozess. Es ist ein Weg mit Höhen und Tiefen, mit Momenten des Zweifels und der Erkenntnis. Es geht darum, Raum für Experimente zu schaffen und genau das ist ein entscheidender Punkt: Feiern wir die Experimente genauso wie die Ergebnisse? Oft wird in Unternehmen nur das Endergebnis gewürdigt, doch oft liegt der wahre Wert im Prozess.

Wenn Teams die Freiheit haben, Neues auszuprobieren, Fehler zu machen und aus ihnen zu lernen, entsteht eine Innovationskultur, die nicht nur auf Erfolgen basiert, sondern auf kontinuierlicher Weiterentwicklung.

Einige Impulse für die Praxis
1. **Digitales Ideen-Board** (z. B. in Miro, Trello oder Confluence). Jede Idee darf dort dokumentiert werden, niedrigschwellig, ohne Formular-Overkill. Keine Idee ist zu klein oder zu verrückt, um aufgeschrieben zu werden.
2. **Der Innovationsbotschafter:in**

Innovation braucht ein Gesicht – und eine feste Rolle im Team. Verankere die Funktion eines Innovationsbotschafters – rotierend, jeden Monat neu vergeben. Das Ziel ist es Innovation zur sichtbaren Aufgabe zu machen.Die Botschafterin oder der Botschafter sammelt Ideen, teilt Impulse, bringt externe Inspiration ins Team (z. B. durch Artikel, Podcasts oder LinkedIn-Posts) und stellt Fragen, die Perspektiven verändern:

- Was wäre, wenn wir das komplett anders denken?
- Welche Annahmen hindern uns gerade?
- Wo gibt es externe Lösungen, von denen wir lernen können?

Tipp: Gestalte für diese Rolle ein kleines Toolkit: mit einem monatlichen Zeitbudget, einem Sharing-Kanal im Intranet oder Slack, einer Feedbackrunde am Monatsende.

3. 30-Minuten-Mut-Sessions: Freiraum für wildes Denken

Gib deinen Teams regelmäßig die Gelegenheit, gemeinsam zu ‚spinnen' – ganz bewusst, ganz frei. Keine PowerPoint, kein Projektplan. Das Ziel ist Neugier zu fördern, mentale Schranken abzubauen und interdisziplinäres Denken anzuregen.

Nur ein Raum, 30 min Zeit und eine zentrale Frage wie:

- „Was wäre, wenn wir morgen bei null anfangen müssten?"
- „Was wäre unser größter disruptiver Schritt?"
- „Wie würden wir es machen, wenn uns keine Grenze gesetzt wäre?"

Tipp:

- Dokumentation von jeder Session
- Möglichkeit zur Anschlusskommunikation: Was hat überrascht? Wo liegt Potenzial?
- Einzelne Ideen werden mitgenommen in die Retrospektive- oder Strategiemeetings.

Innovationscheck in der Mitarbeiterbefragung
Wenn du Innovationskultur messbar machen willst, sollte sie sichtbar sein. Standardzufriedenheitsabfragen werden um kulturelle Statements ergänzt, wie:

- „Ich kann in meinem Team neue Ideen offen ansprechen."
- „Ich werde ermutigt, über den Tellerrand hinauszudenken."
- „Fehler werden bei uns als Lernchance gesehen."

Tipp: Analysiere die Ergebnisse nach Team, Hierarchieebene und Standort. Wo wird Innovation eher zurückgehalten? Nutze diese Insights für gezielte Interventionen wie z. B. für ein Coaching der Führungskräfte, Austauschformate oder Peer-Impulse.

Übung für HR-Teams: Die Innovation Map
Das HR-Team kommt zusammen und erstellt eine visuelle Innovationslandkarte des jeweiligen Unternehmens. Das Ziel ist es Innovationspotenziale aufzudecken, blinde Flecken zu identifizieren und strategisch zu begleiten.
So geht's:

1. Ein Flipchart oder digitales Whiteboard mit allen Bereichen, Teams und Projekten zeichnen.
2. Markierung von:

   - Wo entstehen aktuell neue Ideen?
   - Wo wurden kürzlich Prozesse neu gedacht oder Produkte verändert?
   - Welche Teams gelten als besonders kreativ?
   - Wo herrscht eher Innovationsstillstand?

3. Gemeinsame Reflektion:

   - Welche Muster werden erkannt?
   - Gibt es Silos, die neuen Ideen im Weg stehen?
   - Wo könnten gezielte HR-Impulse helfen – z. B. durch Mentoring, Austauschformate, Rollenmodelle?

6.2 Vielfalt als Innovationsmotor

Vielfalt ist weit mehr als nur ein Schlagwort oder ein Trend. In der heutigen, dynamischen Geschäftswelt ist Vielfalt nicht nur ein Imagefaktor – sie ist eine notwendige Überlebensstrategie. Die Fähigkeit eines Unternehmens, sich ständig weiterzuentwickeln, hängt direkt davon ab, wie gut es in der Lage ist, unterschiedliche Perspektiven und Denkweisen zu integrieren.

In einem Biotech-Start-up, wo Innovation das A und O ist, muss Vielfalt nicht nur gefördert, sondern aktiv gestaltet werden, um langfristig wettbewerbsfähig zu bleiben.

Ein Unternehmen, das sich nur auf eine einzige Perspektive stützt, wird schnell in den Gewässern der Selbstgenügsamkeit feststecken. Das Ergebnis ist oft einseitig, begrenzt und vor allem stagnierend.

Echte Innovation jedoch lebt von der Fähigkeit, Dinge aus unterschiedlichen Blickwinkeln zu betrachten. Menschen, die aus unterschiedlichen Bereichen kommen, verschiedene Erfahrungen mitbringen und unterschiedliche Denkansätze haben, werden immer neue Fragen stellen und das ist die wahre Quelle für innovative Ideen.

Dabei geht es nicht nur um die gängigen Dimensionen der Vielfalt wie Geschlecht, Herkunft oder Alter. Vielmehr umfasst Vielfalt eine Vielzahl von Aspekten: unterschiedliche Denkweisen, Persönlichkeiten, berufliche Erfahrungen, Werte und Temperamente. Die Vielfalt von Erfahrungen und Perspektiven im Team sorgt dafür, dass nicht nur Lösungen gefunden werden, sondern auch ganz neue Fragen aufgeworfen werden, die zuvor vielleicht noch niemand in Betracht gezogen hat.

Die Frage, die sich viele Unternehmen stellen, ist: Wie fördern wir diese Vielfalt tatsächlich, und wie bringen wir sie in den Innovationsprozess ein?

Als HR-Verantwortliche sind wir in der Schlüsselposition, eine Kultur zu schaffen, die Vielfalt nicht nur akzeptiert, sondern sie als Innovationsmotor lebt.

Hier sind einige Fragen, die sich HR Verantwortliche stellen sollten:

- **Wie definieren wir Vielfalt in unserem Unternehmen?**

Vielfalt ist nicht nur eine Frage von Zahlen und Prozentsätzen, sondern eine Frage von Mindset und Kultur. Es geht darum, wie wir Vielfalt in den Alltag integrieren, wie wir mit unterschiedlichen Perspektiven umgehen und wie wir eine Atmosphäre schaffen, die Vielfalt nicht nur zulässt, sondern sie als wertvollen Beitrag zum Erfolg des Unternehmens versteht.

- **Welche Stimmen fehlen in unseren Meetings?**

Hörst du immer die gleichen Personen? Wirst du immer von den gleichen Perspektiven geleitet? In Meetings sollten alle Stimmen gehört werden – unabhängig von Hierarchie, Erfahrung oder sozialen Normen. Eine innovative Kultur erfordert, dass die „stilleren" Mitglieder des Teams ebenfalls eine Plattform bekommen, um ihre Ideen zu teilen.

- **Sind wir bereit, auch Reibung auszuhalten, um Fortschritt zu ermöglichen?**

Vielfalt kann Reibung erzeugen, und nicht jeder Vorschlag wird sofort auf Begeisterung stoßen. Doch genau diese Reibung ist es, die die Entstehung von Innovationen anstößt. Wenn unterschiedliche Ideen miteinander kollidieren, entsteht ein kreativer Spannungsbogen, der es ermöglicht, Lösungen zu finden, die ohne diese Reibung nicht entstanden wären.

> **Tipps für die HR-Praxis**
>
> **„Culture Add" statt „Culture Fit"**
> Der Begriff „Cultural Fit" wird aus dem Vokabular gestrichen und durch „Cultural Add" ersetzt. Statt nach Kandidat:innen zu suchen, die in die bestehende Unternehmenskultur passen, wird gezielt nach Menschen gesucht, die mit ihren einzigartigen Erfahrungen, Fähigkeiten und Perspekti-

ven etwas Neues und Wertvolles zum Team hinzufügen. Dies sollte sich auch in den Stellenausschreibungen widerspiegeln, die Vielfalt und neue Denkansätze aktiv betonen.

Vielfalts-Sparring im Recruiting
Nutzung einer internen „Diversity-Prüfstation", bevor mit dem Bewerbungsprozess begonnen wird. Vor jedem Interview fragen sich die involvierten HRler: Welche unbewussten Vorannahmen könnte ich haben? Was übersehe ich? Welche unbewussten Vorurteile könnten den Auswahlprozess beeinflussen? Strukturierte Fragebögen unterstützen dabei, objektiv zu bleiben und gezielt die vielfältigen Kompetenzen und Erfahrungen der Kandidat:innen in den Vordergrund zu stellen.

Interkulturelle Teamformate
Vielfalt lässt sich nicht nur durch Worte fördern, sondern auch durch praktische Formate. Regelmäßige „Lunch & Learn"-Veranstaltungen, bei denen Teammitglieder aus verschiedenen kulturellen und fachlichen Hintergründen ihre Erfahrungen, Perspektiven und eventuell sogar ein Gericht aus ihrer Heimat vorstellen können. So wird Vielfalt auf eine zugängliche, persönliche und spielerische Art und Weise erlebt und wertgeschätzt.

Bias-Bingo
Schaffung von Bewusstsein für die unbewussten Vorurteile, die während des Recruiting-Prozesses auftreten können. Vorbereitete Karten können genutzt werden, um gängige Vorurteile und Annahmen im Bewerbungsprozess aufzeigen, wie zum Beispiel: „Zu ruhig = nicht durchsetzungsfähig", „Quereinsteiger = zu wenig Fachwissen". Diese Karten können dann in einer offenen Diskussion im Team verwendet werden, um diese Vorurteile zu hinterfragen und zu analysieren, wie man aktiv gegensteuern kann.

6.3 Offenheit als Haltung

Offenheit ist kein nettes Add-on, kein optionales Extra für Schönwetterphasen. In einer Welt, die sich ständig neu erfindet, ist Offenheit der Motor für Zukunftsfähigkeit. Sie ist die Grundlage für Innovation, für Lernen, für Wachstum – und damit der zentrale Hebel für HR, um die Transformation von Organisationen mitzugestalten. Offenheit bedeutet nicht, allem blind zuzustimmen. Sie bedeutet, neugierig zu bleiben, Fragen zu stellen, Unterschiede auszuhalten – und den Mut zu haben, Bekanntes zu hinterfragen.

Gerade im Biotech-Start-up-Umfeld ist dieser Mut entscheidend. Wenn wissenschaftliche Erkenntnisse sich täglich verändern, wenn regulatorische Anforderungen wachsen und Geschäftsmodelle sich im Fluss befinden, dann braucht es keine starren Strukturen, sondern bewegliche Denkweisen. Offenheit schafft Raum – für neue Perspektiven, für kreative Lösungswege und für das Lernen aus dem, was (noch) nicht funktioniert hat.

Offenheit als gelebte Kultur: Die Rolle von HR
HR ist nicht nur Begleiterin dieses Wandels – HR ist dessen Ermöglicherin. Kultur entsteht nicht aus Zufall, sondern durch Haltung, durch Routinen, durch die Art, wie kommuniziert, geführt und entschieden wird. HR gestaltet genau diese Ebenen. Und damit liegt hier der größte Hebel, Offenheit nicht nur zu fordern, sondern sie aktiv im Alltag zu verankern.

In einer innovationsfreundlichen Kultur darf nicht nur gefragt, sondern auch gezweifelt, experimentiert und gescheitert werden. Fehler sind kein Makel, sondern Ausgangspunkt für Entwicklung. Kritik ist kein Störfaktor, sondern ein Zeichen von Vertrauen. Veränderung ist keine Bedrohung, sondern eine Einladung, gemeinsam zu wachsen.

Das Mindset beginnt bei HR selbst
Wer Innovationskraft in der Organisation fördern will, beginnt am besten bei sich. Denn die eigene Haltung wirkt wie ein Verstärker. HR-Fachkräfte, die Vielfalt zulassen, Mut belohnen und selbst offen für Neues bleiben, setzen ein Signal: Hier darf gedacht, gefragt, gewagt werden.

Die entscheidende Frage lautet: Wird Innovation durch Prozesse ermöglicht oder verhindert? Werden Bewerber:innen nach Schema F ausgewählt – oder wird bewusst nach Menschen gesucht, die anders denken? Werden Feedbackrunden so gestaltet, dass sie wirklich Raum für Reflexion geben – oder dienen sie der bloßen Dokumentation?

Jede Entscheidung, jede Form der Kommunikation, jedes Talententwicklungsprogramm trägt dazu bei, ob Offenheit gelebte Realität oder bloßes Schlagwort bleibt.

Praxistools zur Förderung von Offenheit und Innovationskultur
1. Failure Learning Lunch

Einmal im Monat wird ein Meetingformat etabliert, bei dem Teams offen über Fehler sprechen – und vor allem darüber, was daraus gelernt wurde. Führungskräfte gehen hier mit gutem Beispiel voran. Das senkt die Angst vor Fehlern und öffnet den Raum für mutige Ideen.

2. Was-wäre-wenn-Workshops

In kurzen, agilen Formaten wird das Denken bewusst auf den Kopf gestellt: Was wäre, wenn unser Geschäftsmodell morgen nicht mehr existiert? Was, wenn wir in einem anderen Land starten müssten? Diese hypothetischen Fragen regen dazu an, eingefahrene Denkmuster zu verlassen – und fördern kreative Zukunftsideen.

3. Spotlight aufs Lernen – Erkenntnisse in den Alltag holen

Oft wird gelernt, aber zu selten gesprochen. Um das zu ändern, kann HR gezielt Formate schaffen, die das Lernen ins Rampenlicht holen. Beispielsweise eine monatliche „Learning Session", in der ein Teammitglied kurz etwas vorstellt, das es gelernt oder entdeckt hat – mit direktem Bezug zum Arbeitsalltag. So wird Lernen Teil der Kultur – offen, nahbar, ansteckend.

4. Innovation Days

Halb- oder ganztägige Mini-Hackathons bringen Mitarbeitende aus verschiedenen Bereichen zusammen, um gemeinsam an Ideen für zukünftige Prozesse, Produkte oder Services zu arbeiten. Ohne Erfolgsdruck – aber mit maximalem Raum für Neugier.

5. Zukunfts-Dialoge

Moderierte Austauschformate schaffen Reflexionsräume: Was bedeutet Innovation für uns? Welche Kultur brauchen wir, um mutiger zu werden? Welche Geschichten inspirieren uns? Aus diesen Dialogen können konkrete Maßnahmen abgeleitet werden.

6. Storytelling-Plattformen

Plattformen wie der „Fail Forward Friday" oder der „Innovation Talk" geben Mitarbeitenden die Möglichkeit, Erfahrungen, Experimente und Ideen mit anderen zu teilen – offen, ehrlich und inspirierend. So wird eine Kultur des Teilens gestärkt.

7. Innovationsfördernde Leadership-Coachings
Die Führungskräfte mit gezielten Coaching-Formaten begleiten, wie zum Beispiel:

- Vertrauen aufbauen in unsicheren Zeiten
- Fehler als Lernquelle begreifen
- Systemisches Denken fördern
- Kreativität im Team entfachen

Führungskräfte sind Multiplikator:innen, denn wenn sie Innovation (vor)leben, folgt das Team.

8. Innovationsfreundliches Recruiting

Bewerbungsprozesse werden gezielt darauf ausgerichtet, kreative Denkweisen und Innovationspotenzial sichtbar zu machen. Standardisierte Fragen weichen Gesprächen über unkonventionelle Ideen, Vielfalt und den Umgang mit Unsicherheit.

Reflexionsimpulse für HR-Führungskräfte
Die eigenen Denkmuster zu hinterfragen, ist oft der erste Schritt, um Veränderung möglich zu machen. Eine einfache, aber wirkungsvolle Übung:

Selbstreflexion (30 min, schriftlich):

- Wo wurde zuletzt eine mutige Entscheidung getroffen – entgegen etablierter Routinen?
- Welche Glaubenssätze behindern eigene Innovationsimpulse?
- Wo könnte in den nächsten 3 Monaten eine neue Idee ausprobiert werden – auch ohne sofortige Erfolgsgarantie?
- Was würde morgen anders gemacht werden, wenn keine Angst vor Fehlern bestünde?

Diese Reflexion eröffnet neue Blickwinkel und stärkt die eigene Wirksamkeit als Vorbild für eine offene Haltung.

Der Change-Reife-Check

Um den Status quo in puncto Offenheit im Unternehmen greifbar zu machen, bietet sich der Change-Reife-Check an. Das HR-Team bewertet gemeinsam:

- Wie wird Veränderung aktuell wahrgenommen?
- Welche Teams zeigen hohe Offenheit, welche nicht – und warum?
- Wo wurde bereits erfolgreich Neues eingeführt?
- Welche Rituale fördern Offenheit – und welche blockieren sie?

Die Ergebnisse fließen direkt in die strategische HR-Arbeit ein und helfen, gezielte Formate zur Veränderungsförderung zu planen von Workshop-Angeboten über Coachings bis hin zu Kulturmaßnahmen.

HR kann dafür sorgen, dass:

- Vielfalt nicht nur geduldet, sondern gezielt gefördert wird.
- Offenheit nicht nur gepredigt, sondern erlebt wird.
- Fehler nicht versteckt, sondern reflektiert werden.
- Ideen nicht nur gesammelt, sondern ausprobiert werden.

Innovationskultur beginnt bei jedem:r Einzelnen. Innovation ist kein Projekt mit Meilensteinplan. Keine Kampagne mit bunten Postern. Kein Workshop im Kalender.

Innovation ist eine Haltung. HR kann diese Haltung im Unternehmen unterstützen, zu verankern.

Key Takeaways

1. **Innovation beginnt im Team, nicht im Top-Management.**
   Sie entsteht dort, wo Menschen sich sicher fühlen, ihre Gedanken zu äußern – auch die unbequemen.
2. **HR ist Kulturarchitekt:in.**
   Du gestaltest als HR nicht nur Prozesse, sondern die Haltung, mit der dein Unternehmen in die Zukunft blickt.
3. **Vielfalt ist der Innovationsmotor.**
   Unterschiedliche Perspektiven, Erfahrungen und Denkweisen machen Teams kreativer und zukunftsfähiger.
4. **Innovationskultur ist eine Frage der Haltung.**
   Sie lässt sich nicht verordnen – sie muss vorgelebt und erlebbar gemacht werden, täglich und glaubwürdig.
5. **Offenheit aktiv fördern.**
   Räume für Dialog, Experimente und Fehlerfreundlichkeit schaffen Vertrauen und den Mut, Neues zu wagen.
6. **Führung entscheidet über Innovationsklima.**
   Führungskräfte müssen lernen, Unsicherheit auszuhalten, Vertrauen zu schenken und Freiraum zu geben.
7. **HR kann Innovationsräume gestalten.**
   Mit Formaten wie Innovation Days, Zukunftsdialogen oder Storytelling-Plattformen wird Kreativität greifbar.
8. **Recruiting ist der erste Hebel.**
   Wer anders denkt, muss auch anders ausgewählt werden – über kreative Fragen, offene Prozesse und vielfältige Teams.
9. **Reflexion stärkt Innovationskraft.**
   Wer sich selbst hinterfragt und eigene Blockaden erkennt, wird zum echten Vorbild für Erneuerung.
10. **HR kann die Stimme für das Neue sein.**
    Trau dich, Routinen zu hinterfragen, neue Wege zu gehen und anderen zu zeigen: Innovation ist kein Risiko – sie ist unsere Chance.

Literatur

Wikipedia Innovation (2025). https://de.wikipedia.org/wiki/Innovation. Zugegriffen am 04.05.2025

7

Digitalisierung trifft People Power
Wie HR jetzt den digitalen Wandel mitgestalten kann

„KI in HR? Ja! Aber immer mit Herz, Verstand und Haltung."

Zusammenfassung Die digitale Transformation stellt HR nicht nur vor technische Herausforderungen – sie fordert uns in unserer ganzen Haltung heraus. Als Personalleiterin in einem agilen Biotech-Start-up habe ich hautnah erlebt, wie Künstliche Intelligenz unsere Prozesse verändert, unsere Kommunikation transformiert und unsere Verantwortung als Gestalter:in einer menschenzentrierten Arbeitswelt neu definiert. Dieses Kapitel ist ein Praxisleitfaden, eine Einladung und ein Mutmacher für alle HR-Verantwortlichen, die den Wandel nicht nur überleben, sondern aktiv mitgestalten wollen.

Stellen wir uns vor, es gäbe einen zuverlässigen Helfer im Arbeitsalltag. Einen, der lästige Routineaufgaben übernimmt. Der rund um die Uhr wiederkehrende Fragen beantwortet – rechtssicher, freundlich und ohne Pause. Ein Helfer, der HR-Teams den Rücken freihält, damit der Fokus wieder auf dem Wesentlichen liegen kann: Menschen begleiten, Kultur gestalten, Zukunft bauen.

Die aktuelle Haufe HR-Chatbot-Umfrage (2025) zeigt jedoch ein klares Bild: Digitale Assistenten werden im Arbeitsalltag noch massiv unterschätzt und in vielen HR-Teams bislang kaum genutzt. Das, obwohl 82 % der befragten HR-Mitarbeitenden ihr Arbeitspensum als zu hoch empfinden. Die Überlastung ist real. Der Wunsch nach Entlastung ebenfalls.

Doch 93 % der befragten HR-Expert:innen sind überzeugt, dass Chatbots künftig eine entscheidende Rolle spielen werden. Allerdings haben 86 % der Befragten bisher noch keine Erfahrungen mit einem HR-Chatbot im eigenen Unternehmen gesammelt. Nur 14 % setzen bereits HR-Chatbots ein.

Digitale Helfer sind keine Bedrohung, sie sind eher eine Einladung. Eine Einladung, smarter zu arbeiten, statt härter. Eine Einladung, Zeit zu gewinnen für das, was wirklich wichtig ist und einen echten Mehrwert für HR, die Mitarbeitenden, das Unternehmen bietet.

7.1 Die neue Rolle von HR im digitalen Zeitalter

Die Digitalisierung verändert unsere Arbeitswelt – schnell, tiefgreifend und oft unvorhersehbar. Und HR steht mittendrin. Zwischen Automatisierung, KI-Anwendungen und hybriden Arbeitsformen eröffnen sich neue Chancen, aber auch neue Fragen und Unsicherheiten.

Was bleibt vom klassischen HR-Verständnis, wenn Tools Entscheidungen vorbereiten, Chatbots die ersten Bewerbungsgespräche führen und Mitarbeitende per App ihre Entwicklung planen?

Fest steht: Die Rolle von HR wandelt sich. Sie wird strategischer, datenbasierter und gleichzeitig menschlicher denn je. Denn je technischer die Welt wird, desto mehr braucht es Menschen, die zuhören, einordnen, begleiten. Genau hier entsteht ein neues Selbstverständnis: HR als Brückenbauer:in zwischen Technologie und Unternehmenskultur, zwischen Effizienz und Empathie, zwischen digitaler Struktur und menschlicher Haltung.

Natürlich löst dieser Wandel nicht nur Begeisterung aus. Viele fragen sich: Wo bleibt mein Platz? Verliere ich den Anschluss, wenn ich nicht programmieren kann? Wie viel Kontrolle gebe ich ab und wie behalte ich trotzdem das Steuer in der Hand?

Diese Fragen sind berechtigt und sie zeigen, wie wichtig es ist, sich dem Wandel aktiv zu stellen. Nicht alles muss perfekt sein, aber Offenheit, Lernbereitschaft und eine klare Haltung sind zentrale Bausteine der neuen HR-Kompetenz. Wer offen vorangeht, kann nicht nur Prozesse smarter machen, sondern echte Mehrwerte schaffen für die Mitarbeitenden, für das Business und für die eigene Rolle als HR-Professional.

Es geht nicht darum, alles zu digitalisieren. Es geht darum, Digitalisierung menschlich, klug und verantwortungsvoll dort einzusetzen, wo sie wirklich einen Nutzen, einen Vorteil bringt.

Welche Kompetenzen braucht HR im digitalen Zeitalter?
Der Wandel durch Digitalisierung fordert HR heraus und eröffnet gleichzeitig enorme Chancen. Um diese Chancen zu nutzen, braucht es heute ein **neues Kompetenzprofil**, das über die klassischen HR-Kenntnisse hinausgeht.

Aus meiner Sicht werden die folgenden Fähigkeiten gebraucht:

1. **Digitale Affinität und Datenkompetenz**

HR versteht, welche digitalen Tools und Systeme den Alltag erleichtern, welche Daten wirklich relevant sind und wie diese verantwortungsvoll genutzt werden können. Ein gesundes Grundverständnis von KI, Automatisierung und Analytics ist der Schlüssel, um Technik sinnvoll einzusetzen – ohne sich davon überrollen zu lassen.

Digitale Kompetenz ist heute kein Nice-to-have mehr. Wer als HR heute Technologie nur „mitlaufen lässt", verliert morgen den Anschluss. Gleichzeitig bedeutet digitale Kompetenz mehr als nur Softwarewissen, denn es ist die Fähigkeit, Wandel zu verstehen, mitzugestalten und diesen überzeugend zu kommunizieren.

Stell dir gerne konkret diese Fragen:

- Welche Aufgaben erledigen wir heute noch manuell, obwohl sie automatisierbar wären?
- Wo verschenken wir wertvolle Zeit, die wir für Entwicklung, Coaching und Kulturarbeit einsetzen könnten?
- Wie können wir uns Freiräume schaffen?

Das bedeutet konkret:

- KI-Tools souverän bewerten und auswählen zu können
- Schnittstellen zwischen Mensch und Maschine empathisch zu gestalten
- Verantwortungsvoller Umgang mit Daten

Praxistipp: In meinem Team haben wir ein regelmäßiges „Digital-Lab" eingeführt. Jede:r stellt ein neues Tool, eine KI-Anwendung oder ein Praxisbeispiel vor und wir diskutieren: Wie könnte das in unserem HR-Alltag nützlich sein?

2. Strategisches Denken und Veränderungsmanagement

Digitalisierung ist kein einmaliges Projekt, das mit einem Abschlussbericht endet – sie ist ein fortlaufender, dynamischer Prozess, der Unternehmen kontinuierlich herausfordert und bewegt. HR steht dabei nicht am Rand, sondern mittendrin als Gestalter:in des Wandels.

Das bedeutet mehr, als Veränderungen nur zu begleiten oder auf Anweisungen zu reagieren. Es heißt, proaktiv Strategien zu entwickeln, die nicht nur kurzfristige Lösungen bieten, sondern langfristige Stabilität und Anpassungsfähigkeit sichern.

Dabei gilt es, die richtigen Fragen zu stellen:

- Welche Trends und Technologien verändern unsere Branche?
- Wie wirken sich diese auf unsere Arbeitsweise und Unternehmenskultur aus?

- Welche Kompetenzen brauchen Mitarbeitende und Führungskräfte, um im Wandel zu bestehen? Und vor allem: Wie können wir als HR diesen Prozess so gestalten, dass alle Beteiligten mitgenommen werden und Veränderungen nicht als Bedrohung, sondern als Chance erleben?

Stakeholder frühzeitig einzubinden ist ein Schlüssel zum Erfolg. Führungskräfte, Teams und Mitarbeitende müssen verstehen, warum Veränderungen nötig sind, was konkret auf sie zukommt und welche Rolle sie selbst dabei spielen. HR wird so zum Brückenbauer, der Kommunikation, Transparenz und Vertrauen fördert.

Agile Methoden unterstützen diesen Weg, indem sie Flexibilität und Lernschleifen ermöglichen. Statt starrer Pläne geht es darum, Schritt für Schritt voranzugehen, Feedback einzuholen und bei Bedarf anzupassen. Dabei ist die Haltung entscheidend: Offenheit für Neues, Mut zum Experimentieren und die Bereitschaft, aus Fehlern zu lernen.

3. Kommunikationsstärke und Empathie

Trotz aller Technik bleibt der Mensch im Mittelpunkt. HR agiert als Vermittler zwischen den Welten zwischen Fachabteilungen, Mitarbeitenden und Führungskräften. Entscheidend dabei ist eine offene, wertschätzende Kommunikation zu pflegen und die Fähigkeit, Sorgen und Ängste ernst zu nehmen und ihnen konstruktiv zu begegnen.

Gerade in Phasen großer Veränderung sehnen sich die Menschen nach Orientierung. Nicht nach Kontrolle, sondern nach Klarheit. Deshalb ist es so wichtig, dass wir in HR nicht nur die Systeme einführen, sondern immer die Menschen mitnehmen. Vertrauen entsteht durch Transparenz und eine klare Haltung.

Die Mitarbeitenden wollen wissen:

- Was macht die KI mit meinen Daten?
- Wer sieht meine Daten ?
- Wie bleibt meine Persönlichkeit sichtbar, auch in digitalen Prozessen?

Als HR haben wir eine besondere Verantwortung. Wenn wir mit offener Kommunikation, ethischem Bewusstsein und echtem Engagement agieren, schaffen wir Akzeptanz und geben Sicherheit.

4. Coaching- und Moderationsfähigkeiten

Im digitalen Wandel entstehen viele neue Unsicherheiten und Stresssituationen, das Tempo ist hoch, Strukturen verändern sich, und nicht selten lösen neue Technologien Sorgen oder Ängste aus. Genau hier übernimmt HR eine Schlüsselrolle: Als Begleiter:in und Coach unterstützt sie Mitarbeitende dabei, ihre Potenziale zu erkennen und bewusst mit diesen Veränderungen umzugehen.

Das heißt konkret:

- **HR schafft Räume**, in denen Ängste benannt und verarbeitet werden können. Wo Fragen gestellt werden dürfen wie: Was macht mir an dieser Veränderung Angst? oder Welche Fähigkeiten kann ich ausbauen, um sicherer im Umgang mit neuen Tools zu werden?
- **HR hilft Ressourcen zu aktivieren**: Welche Stärken habe ich, auf die ich jetzt bauen kann? und Wie kann ich meine Haltung verändern, um den Wandel nicht als Bedrohung, sondern als Chance zu sehen?
- **HR als Moderator:in** spielt eine wichtige Rolle. Sie hält Teams im Dialog, sorgt dafür, dass unterschiedliche Perspektiven gehört werden, und fördert den gemeinsamen Austausch über Herausforderungen und Lösungen. Gute Moderation gibt Sicherheit und Orientierung in unruhigen Zeiten. Sie hilft, klare Ziele zu formulieren, Prioritäten zu setzen und Konflikte konstruktiv zu lösen.

5. Innovations- und Lernbereitschaft

Digitale Transformation bedeutet, Stillstand ist Rückschritt. Nie auslernen heißt nicht nur, technische Neuerungen im Blick zu behalten, sondern auch offen zu sein für neue Arbeitsweisen, Denkmodelle und Herangehensweisen. HR ist in der Vorbildrolle, diese Haltung vorzuleben und eine Lernkultur zu fördern, die Fehler zulässt, Experimente erlaubt und kontinuierliche Weiterentwicklung unterstützt.

Die folgenden Fragen können dabei unterstützen:

- Wo stehen die eigenen Kompetenzen und wo gibt es Raum für Wachstum?
- Welche neuen Tools oder Methoden könnten den Alltag erleichtern?
- Welche Weiterbildungsthemen sind relevant, um fit für die Zukunft zu bleiben?
- Wie wird die Lernkultur im Unternehmen wirklich gelebt und wie können Mitarbeitende noch besser darin unterstützt werden, sich selbst zu entwickeln?

Diese Fragen sind der Schlüssel, um Innovations- und Lernbereitschaft nicht nur als leeres Schlagwort zu verstehen, sondern aktiv zu mitzugestalten. HR kann zum Beispiel regelmäßige Impulse setzen: Lernformate anbieten, Erfahrungsaustausch fördern oder auch mal bewusst Raum schaffen für Experimente und Reflexion.

6. **Haltung und Verantwortungsbewusstsein** (siehe auch Abschn. 7.3)

Digitalisierung verändert nicht nur die Prozesse, sondern auch Werte und Verantwortung. Sie wirft grundlegende Fragen zur Ethik, zum Datenschutz und zur Fairness auf. Welche Daten werden gesammelt und wofür? Wer entscheidet über den Einsatz von Algorithmen? Wie verhindern wir, dass automatische Systeme unbewusste Vorurteile verstärken oder Menschen entmenschlichen?

HR steht hier in der Schlüsselrolle als Hüter:in einer Kultur, in der Transparenz, Respekt und Vertrauen die Basis bilden. Es geht darum, klare Grenzen zu setzen, nicht nur, weil es gesetzlich vorgeschrieben ist, sondern weil es um den Kern der Unternehmenskultur geht.

- Welche Werte sollen gelebt werden?
- Wie wird mit sensiblen Informationen verantwortungsvoll umgegangen?
- Wie schaffen wir eine Balance zwischen Effizienz durch Automatisierung und dem Schutz der individuellen Würde?

Diese Fragen sind nicht als lästige Pflicht zu verstehen, sondern bedeuten Chancen, Haltung zu zeigen und aktiv mitzugestalten. Eine klare ethische Orientierung gibt Sicherheit für Mitarbeitende, Führungskräfte und das gesamte Unternehmen. HR hat die Möglichkeit so zum Vorreiter:in zu werden, die Digitalisierung menschlich macht, indem sie Vertrauen schafft und eine Kultur fördert, in der Technik dem Menschen dient, statt ihn zu ersetzen.

Dazu gehört auch, Mut zu haben, kritische Fragen zu stellen und auch unbequeme Diskussionen anzustoßen: Wie transparent sind die eingesetzten Systeme wirklich? Wer kontrolliert die Datenqualität und die Entscheidungsalgorithmen? Wie gehen wir mit möglichen Fehlern oder Diskriminierung um? Und vor allem: Wie behalten wir die Menschen im Blick, die hinter allen Prozessen stehen?

Das neue HR-Kompetenzprofil zu entwickeln bedeutet mit einer ehrlichen Bestandsaufnahme zu beginnen.

- Welche digitalen Kompetenzen haben wir schon?
- Wo fühlen wir uns unsicher?
- Welche Tools nutzen wir täglich und verstehen sie wirklich?

So startest du konkret:

1. Erstelle ein HR-Kompetenzprofil für dein Team (z. B. mit Miro, Notion oder Excel).
2. Definiere gemeinsam die Lernziele für die nächsten 6 Monate.
3. Suche externe Sparringspartner:innen oder Coaches für gezielte Impulse.
4. Baue ein Lern-Ökosystem auf, zum Beispiel Peer-Learnings, Mikroformate, interne Barcamps.

Ein Beispiel aus der Praxis: In unserem Start-up hat jedes HR-Teammitglied ein persönliches Entwicklungsziel, z. B. „Datenbasiertes Recruiting optimieren" oder „KI-Ethik verstehen und anwenden". Wir treffen uns alle 6 Wochen zum Austausch, präsentieren uns die Learnings und helfen uns gegenseitig beim Dranbleiben.

Übung: Dein persönlicher Skill-Check
Nimm dir 20 min Zeit und beantworte folgende Fragen:

- Welche neuen Tools oder Technologien habe ich im letzten Jahr gelernt?
- In welchen Momenten fühlte ich mich unsicher im digitalen Kontext?
- Welche Themen möchte ich im nächsten Quartal angehen?
- Wer kann mich dabei unterstützen?

Nutze die Antworten, um deinen persönlichen Lernpfad zu planen. Klein starten. Dranbleiben und die Erfolge feiern.

Meine Überzeugung, die Zukunft von HR ist digital, aber sie wird zutiefst menschlich bleiben. Wer offen bleibt, sich weiterbildet und mutig neue Kompetenzen aufbaut, wird zur echten Transformationskraft. Nicht alle neuen Fähigkeiten werden heute gefordert, aber es ist wichtig, zu wissen, was zu lernen ist.

7.2 KI in der HR-Praxis – Möglichkeiten und Realitäten

Eine Studie von Kienbaum & BPM (2024) stellt fest, dass generative KI das Personalwesen revolutioniert und HR-Abteilungen in eine neue Dimension bringt.

Die Realität zeigt: Wenn KI schon Teil der HR-Arbeit ist, dann oft in den folgenden Bereichen (siehe Abb. 7.1):

1. **Recruiting und Talentakquise**

   - **Automatische Lebenslaufanalyse**: KI bewertet Qualifikationen und gleicht sie mit Anforderungsprofilen ab.
   - **Chatbots** für Bewerberkommunikation: 24/7 Ansprechbarkeit, schnellere Antworten, bessere Candidate Experience.
   - **Predictive Hiring**: Algorithmen prognostizieren, welche Talente langfristig erfolgreich im Unternehmen sein könnten.

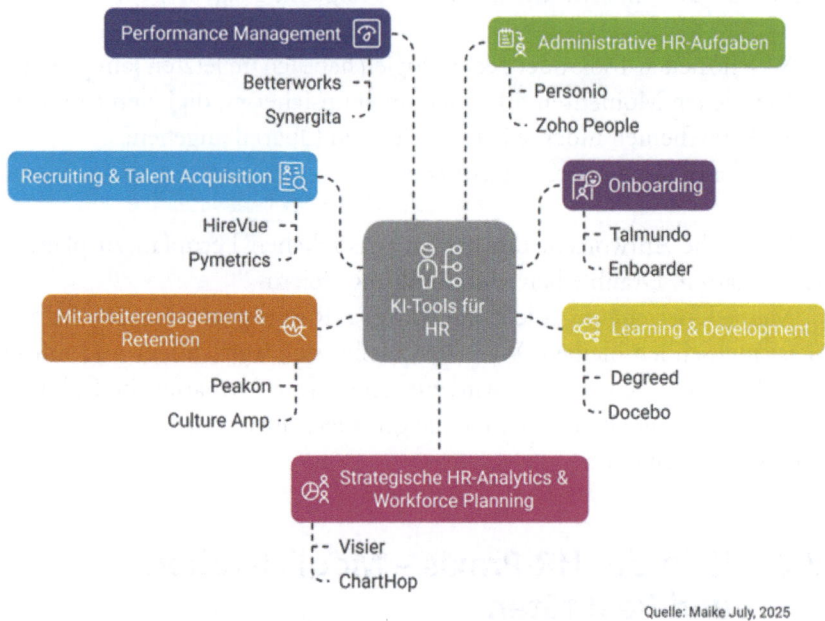

Abb. 7.1 Übersicht HR-Bereiche mit einer Auswahl an konkreten KI-Tools

2. **Onboarding**
   - Digitale Assistenten organisieren Einarbeitungspläne.
   - Personalisierte Onboarding-Prozesse sorgen für individuelle Lernpfade und schnellere Integration.

3. **Personalentwicklung**
   - KI-gestützte Lernplattformen schlagen passende Weiterbildungen vor.
   - Karrierepfad-Optimierung durch Analyse individueller Stärken und Entwicklungspotenziale.

4. **Mitarbeiterbindung**

- Pulsbefragungen und Sentiment-Analysen erkennen frühzeitig Demotivation oder Abwanderungstendenzen.
- **Data-driven Retention-Strategien** helfen, Top-Talente gezielt zu halten.

5. **Administrative Prozesse**

- Automatisierte Arbeitsverträge, Urlaubsanträge, Zeiterfassung: Reduktion von Fehlern, Entlastung des Teams.

Das **Recruiting** wird als primäres Anwendungsgebiet für den Einsatz von KI gesehen, während andere HR-Funktionen wie Performance Management und Mitarbeiterengagement noch eher zurückbleiben.

Im Recruiting-Prozess sind KI-gestützte Tools bereits weit verbreitet. Von der automatisierten Kandidatensuche bis hin zur Analyse von Video-Interviews reicht das Spektrum.

Typische Anwendungsbereiche sind:

- Matching-Plattformen wie MoBerries analysieren Lebensläufe und matchen Bewerber:innen mit passenden Stellen.
- Videointerview-Tools wie Retorio oder HireVue analysieren Sprachmuster, Mimik und Verhalten.
- Bewerbermanagement-Systeme wie Softgarden oder Prescreen automatisieren den Bewerbungsworkflow und verbessern die Candidate Experience.

Best Practice:
So kann KI im Lebenslauf-Screening fair und effektiv genutzt werden.

- **Klartext von Anfang an:** In den Stellenanzeigen und auf der Karriereseite wird offen darüber informiert, dass ein KI-gestütztes System die Bewerbungen zunächst nach bestimmten Kriterien vorsortiert – z. B. Berufserfahrung, Fachkenntnisse oder Standortnähe. So wissen Bewerber:innen, wie ihre Unterlagen bewertet werden.

- **Menschliche Über-Prüfung bleibt Pflicht:** Auch wenn die KI Vorschläge macht, wird jeder Lebenslauf im HR-Team persönlich angesehen – besonders dann, wenn Profile auf den ersten Blick bunt wirken. Das schützt davor, spannende Talente zu übersehen.
- **Regelmäßige Qualitätschecks:** Regelmäßige Prüfung, welche Profile durch das KI-System vorgeschlagen oder aussortiert wurden. Stimmen die Treffer mit den Einstellungs-Entscheidungen überein?

So bleibt die Technologie kein Blackbox-Tool, sondern wird bewußt mit gesundem Menschenverstand eingesetzt.

KI und Recruiting, ein Spagat zwischen Effizienzgewinn und Identitätsbetrug. Die Einführung generativer KI-Tools hat die Bewerbungswelt verändert und zwar nicht nur im positiven Sinne.

Was ursprünglich als Hilfestellung gedacht war, wird zunehmend zweckentfremdet. Immer häufiger tauchen Bewerber:innen auf, deren Angaben im Lebenslauf oder im Vorstellungsgespräch schlichtweg gefälscht sind. Möglich macht das der einfache Einsatz von Tools wie ChatGPT & Co., die mit wenigen Klicks überzeugende Lebensläufe, perfekte Anschreiben und sogar Interviewantworten aus dem Hut zaubern, unabhängig von der realen Qualifikation (Mearian 2025).

Was früher noch mühsam per Hand zurechtgeschummelt wurde, geschieht heute mit KI-gestützter Effizienz. Besonders Tech-Jobs sind davon betroffen: Entwickler:innen, die mit generierten Profilen glänzen, Buzzwords aneinanderreihen und in Video-Interviews auf künstlich erzeugte Antworten zurückgreifen. In manchen Fällen übernehmen sogar Dritte im Hintergrund das Gespräch und die eigentliche Person vor der Kamera ist nur Staffage.

Was wie ein Einzelfall klingt, ist längst ein Trend mit System. HR-Expert:innen berichten, dass in bestimmten Branchen, insbesondere im Engineering und IT-Bereich mittlerweile 10 bis 30 % der Bewerbungen Anzeichen von KI-Manipulation zeigen. Und es geht nicht nur um geschönte Bulletpoints. Ganze Identitäten werden gefälscht. Sogenannte „Fake Hires" lassen sich einstellen, um möglicherweise Zugriff auf sensible Systeme zu erhalten und damit ein Einfallstor für Datenklau oder Schadsoftware zu bauen. Die Sicherheitsbedrohung ist real und betrifft nicht mehr nur IT-Security, sondern ganz klar auch HR.

Natürlich ist der Einsatz von KI per se nicht verwerflich. Die Mehrheit der Unternehmen hat nichts dagegen, wenn Bewerber:innen Tools nutzen, um ihre Unterlagen strukturierter und klarer zu formulieren. Ein gut formulierter, KI-unterstützter Lebenslauf kann helfen, die eigene Geschichte professionell zu erzählen. Entscheidend ist jedoch die Authentizität. Wer mit gefälschten Angaben auftritt, überschreitet eine Grenze, die nicht nur ethisch fragwürdig, sondern auch für Unternehmen hochriskant ist.

Die Herausforderungen für Recruiting-Teams wachsen entsprechend. Es braucht neue Kompetenzen und ein geschärftes Auge, um zwischen legitimer KI-Nutzung und gezielter Täuschung zu unterscheiden. Gleichzeitig sind Vertrauen und Transparenz wichtiger denn je.

KI kann unterstützen, aber sie darf nicht das Rückgrat des Auswahlprozesses werden.

Was bedeutet das für HR?

- Relevante Fragen im Vorstellungsgespräch stellen, die nicht einfach zu googeln oder zu generieren sind – etwa durch Bezug auf konkrete Situationen oder persönliche Reflexionen.
- Technische Assessments sinnvoll kombinieren mit Gesprächen über Werte, Motivation und Lernbereitschaft.
- KI-gestützte Bewerbungen nicht pauschal ablehnen, aber genau prüfen, ob sie die Person hinter dem Profil tatsächlich abbilden.
- Tools zur Betrugserkennung einsetzen, wo nötig – etwa zur Analyse von Metadaten bei eingereichten Dokumenten oder bei Deepfakeverdächtigen Video-Interviews.
- Und nicht zuletzt: im Onboarding wachsam bleiben. Denn auch der zweite Blick zählt.

Das **Onboarding** neuer Kolleg:innen entscheidet sehr oft über Bleibe- oder Wechselwunsch.

Hier punktet die KI mit Personalisierung:

Anwendungsbeispiele:

- edyoucated bietet KI-gestützte Learning Journeys, angepasst an Skills, Rolle und Interessen.

- CoachHub verknüpft Mitarbeitende mit passenden Coaches durch KI-basiertes Matching.
- Leapsome kombiniert Learning, Feedback und Zielmanagement in einem Tool.

Praxis-Tipp: Wir kombinieren strukturierte Onboarding-Pläne mit digitalen Lernpfaden. Die KI schlägt Inhalte vor und wir ergänzen mit individuellen Touchpoints, z. B. eine 1:1 Reflexion mit dem Manager oder mit dem zuständigen HR Business Partner:in.

Mitarbeiterbindung durch intelligente Feedback-Systeme
Wer Mitarbeitende halten will, muss zuhören. Doch klassische Befragungen sind oft zu selten, zu starr, zu pauschal. KI hilft, Puls und Stimmungen in Echtzeit zu erfassen.
Tools im Einsatz:

- Peakon und Culture Amp analysieren Mitarbeiterfeedback kontinuierlich und erkennen Trends.
- TeamEcho liefert anonymes, regelmäßiges Feedback und stellt zentrale Themen in den Fokus.

Best Practice:

- Kurze, regelmäßige Pulsbefragungen statt großer Jahresumfragen.
- Transparente Auswertung und konkrete Maßnahmen – gemeinsam mit Teams entwickelt.
- Führungskräfte-Coachings, um mit Feedback konstruktiv umzugehen.

Praxis-Impuls: Wir nutzen TeamEcho. Die größte Herausforderung dabei ist die konsequente Umsetzung. Feedback braucht Follow-up. Wir machen regelmäßig Retrospektiven mit dem Team und analysieren, was hat sich verändert.

Personalplanung und Skill-Management mit KI
In der Wachstumsphase stellt sich oft die Frage: Welche Skills brauchen wir? Wo schlummern Potenziale intern? Hier kann die KI datenbasierte Entscheidungshilfen bieten.

Tools und Methoden:

- HRForecast analysiert vorhandene Kompetenzen, prognostiziert zukünftige Bedarfe und empfiehlt Upskilling-Maßnahmen.
- Personio integriert Skill-Matrizes, Entwicklungsziele und Reporting.
- HiBob bietet visuelle Dashboards zur Mitarbeiterstruktur und Skill-Verteilung.

Praxisbeispiel: Ein Pilotprojekt mit HRForecast, um Skill-Gaps frühzeitig zu erkennen. Auf Basis der Analyse konnten gezielte Lernangebote entwickelt werden.
Übung: „Skills im Blick"
Erstelle mit deinem Team eine Übersicht:

- Welche Kernkompetenzen brauchen wir heute?
- Welche werden in 6–12 Monaten wichtiger?
- Welche internen Talente könnten wir gezielt fördern?

Grenzen und Herausforderungen im Blick behalten
Nicht jede KI-Lösung hält, was sie verspricht. Nicht jede technische Innovation passt zur Unternehmenskultur. Entscheidend ist: KI darf nie als Blackbox wirken. Nur wenn Prozesse transparent sind und Entscheidungen nachvollziehbar, bleibt das Vertrauen der Belegschaft erhalten.
Kritische Reflexionsfragen:

- Haben wir klare Kriterien für die Tool-Auswahl?
- Ist der Einsatz auch ethisch vertretbar?
- Werden Mitarbeitende ausreichend informiert und beteiligt?

Praxistipp: Eine interne Taskforce „KI & HR-Ethik" gründen, die mit Vertreter:innen aus HR, IT, Legal, ggfs. Betriebsrat und Mitarbeitenden besetzt ist. Das schafft nicht nur Akzeptanz, sondern bringt wertvolle Perspektiven zusammen. Eine klare ethische Orientierung gibt Sicherheit für Mitarbeitende, Führungskräfte und das gesamte Unternehmen.

7.3 Haltung zeigen – Ethische Leitlinien für den KI-Einsatz

Der Ethikbeirat HR-Tech, besetzt aus namhaften Wissenschaftler:innen und Expert:innen aus den Bereichen Verhaltensökonomie, Personalmanagement, Psychologie, Wirtschaftsethik und Recht, hat Richtlinien für den verantwortungsvollen Einsatz von KI in der Personalarbeit (2021) erarbeitet. Er hat sich mit der Frage befasst, welche Einsatzgebiete für KI-Lösungen im Umfeld des HR-Managements sich abzeichnen und welche Rahmenbedingungen für die Entwicklung dieser KI-Lösungen, deren Einsatz und deren Nutzung in Organisationen gegeben sein sollen.

Tipp: Der Ethikbeirat HR-Tech hat den Ethik Check KI (2024) veröffentlicht, das bislang einzige, frei zugängliche und kostenlose Tool, mit dem HR-Praktiker:innen selbstständig die von ihnen verwendeten Technologien auf Vereinbarkeit mit ethischen Grundsätzen überprüfen können. Das Tool stützt sich auf die vom Ethikbeirat HR-Tech erarbeiteten ethischen Richtlinien für den verantwortungsvollen Einsatz von KI und modernen Technologien in der Arbeitswelt.

Haltung zählt, KI ist kein rein technisches Thema, sie wirft ethische Fragen mit großer Tragweite auf: Wie stellen wir Fairness sicher? Wie schützen wir persönliche Daten? Wie verhindern wir Diskriminierung? Und vor allem: Wer trägt die Verantwortung, wenn etwas schiefläuft?

HR übernimmt hier eine Schlüsselrolle. Hier wird entschieden, welche Tools eingesetzt werden, wie die Prozesse gestaltet und wie transparent mit Mitarbeitenden umgegangen wird. Haltung bedeutet, Entscheidungen nicht nur effizient, sondern auch gerecht und menschenzentriert zu treffen.

In Ableitung aus den Richtlinien des Ethikbeirats HR Tech habe ich einen Vorschlag für **Leitlinien für eine verantwortungsvolle KI-Nutzung in HR** erstellt.

1. **Transparenz:** Alle Beteiligten – ob Bewerber:in, Mitarbeiter:in oder Führungskraft – haben das Recht zu wissen, wo und wie KI eingesetzt wird. Kommunikation schafft Vertrauen.

2. **Freiwilligkeit:** KI-gestützte Angebote zur Entwicklung oder Analyse (z. B. in 360°-Feedback-Systemen) sollten immer auf Freiwilligkeit basieren. Kein Mensch darf durch Technik ausgelesen werden, ohne es zu wollen.
3. **Menschliche Entscheidungshoheit:** KI kann Vorschläge liefern – aber keine Entscheidungen treffen. Jede personalbezogene Entscheidung muss vom Menschen verantwortet werden.
4. **Datenschutz und Datensparsamkeit:** Weniger ist mehr. Es dürfen nur Daten verarbeitet werden, die wirklich notwendig sind. Und nur von jenen, die dazu berechtigt sind.
5. **Diskriminierungsschutz:** KI-Modelle müssen regelmäßig auf Bias überprüft werden. HR muss diese Prüfung aktiv einfordern und begleiten.
6. **Mitbestimmung aktiv leben:** Betriebsrat oder Mitarbeitervertretungen frühzeitig einbinden – nicht erst bei der Einführung, sondern schon bei der Planung neuer Systeme.
7. **Fehlerkultur stärken:** Wenn ein KI-System falsche Schlüsse zieht oder fehlerhaft arbeitet, braucht es klare Eskalations- und Korrekturprozesse. Offenheit statt Vertuschung.
8. **Empowerment durch Schulung:** Alle Mitarbeitenden sollten die Möglichkeit bekommen, zu verstehen, wie KI in ihrem Arbeitskontext funktioniert – mit Angeboten zur Weiterbildung, die verständlich und praxisnah sind.
9. **Vielfalt fördern:** Vielfalt in Daten, Teams und Perspektiven ist der beste Schutz vor Einseitigkeit. HR kann durch diverse Projektteams und offene Feedbackkultur einen entscheidenden Beitrag leisten.
10. **Haltung dokumentieren:** Entwickle im Unternehmen einen KI-Ethikkodex – idealerweise gemeinsam mit HR, IT, Legal und Mitarbeitenden. Das schafft Klarheit und Handlungsfähigkeit.

Darüber hinaus gibt es den EU AI Act, der seit dem 01. August 2024 in Kraft ist und fordert, wer mit KI arbeitet, muss sie auch verstehen.

Der EU AI Act legt Unternehmen eine neue Verantwortung auf, denn seit Februar 2025 gibt es eine verbindliche Schulungspflicht für alle, die KI-Systeme entwickeln, nutzen oder betreiben. Und das heißt: Kein

Unternehmen kann sich künftig noch hinter Intransparenz oder Unwissen verstecken. Jetzt geht es um Haltung, Kompetenz und Klarheit.

Wer muss geschult werden?
Alle, die mit KI zu tun haben. Egal ob Start-up oder Konzern, ob Entwickler:in, Anwender:in oder Führungskraft. Entscheidend ist nicht die Größe des Unternehmens, sondern der Umgang mit KI-Systemen – ob selbst entwickelt oder zugekauft.

- Entwickler:innen brauchen tiefes Know-how zu Technik und Ethik.
- Führungskräfte müssen in Verantwortung, Compliance und Risikomanagement geschult werden.
- Anwender:innen brauchen solides Grundwissen über Chancen, Grenzen und Risiken von KI.
- Datenschutz- und Compliance-Beauftragte erhalten spezialisierte Trainings.

Was gehört in die Schulungen?
Der Gesetzgeber verlangt keine One-size-fits-all-Trainings. Gefragt sind gezielte Lernformate, die auf den Kontext, die Funktion und das Erfahrungsniveau der Mitarbeitenden eingehen. Im Fokus stehen:

- Technische Grundlagen: Wie funktioniert das System?
- Anwendungswissen: Wie setze ich es sinnvoll, sicher und verantwortungsvoll ein?
- Risiko-Kompetenz: Was kann schiefgehen – und wie erkenne ich das frühzeitig?
- Werte und Ethik: Wo endet Effizienz, wo beginnt Verantwortung?
- Dokumentation ist Pflicht.

Unternehmen müssen künftig nachweisen, dass ihre Mitarbeitenden ausreichend geschult wurden. Ohne Nachweis kein Vertrauen und im Zweifel kein Bestandsschutz. Auch wenn der AI Act selbst keine Strafen bei Verstößen vorsieht, können einzelne Mitgliedsstaaten Sanktionen einführen.

Was jetzt zu tun ist:
Prüfung, wer im Unternehmen ist vom KI-Einsatz direkt oder indirekt betroffen?

Entwicklung von passgenauen Lernpfaden für unterschiedliche Rollen – vom Entwickler:in bis zur Führungskraft.
Dokumentation aufsetzen, wie Schulungsnachweise, Teilnahmebestätigungen, Inhalte.
KI verändert die Arbeitswelt und mit ihr die Anforderungen an Wissen, Haltung und Kommunikation. Wer das Thema früh und klug angeht, schafft Vorsprung. Nicht nur in Sachen Compliance, sondern auch in Sachen Kultur.

Praxisbeispiel: Unser KI-Codex
In unserem Unternehmen haben wir gemeinsam mit dem Management und dem Legal Vertreter:in einen „KI-Codex für HR" entwickelt. Darin steht u. a.:

- Welche KI-Systeme im Einsatz sind (z. B. Matching im Recruiting, Analyse von Lernverhalten)
- Welche Entscheidungen weiterhin ausschließlich durch Menschen getroffen werden
- Welche Rechte Mitarbeitende haben (z. B. Widerspruch gegen automatisierte Analysen)
- Wie Feedback und Beschwerden vertraulich gemeldet werden können

Dieser Codex hängt nicht nur im Intranet – wir stellen ihn auch den neuen Mitarbeitenden aktiv vor, diskutieren ihn regelmäßig in Workshops und passen ihn an, wenn sich Tools oder Prozesse ändern.

Übung: KI-Leitbild entwickeln
Beantworte die folgenden Fragen – allein oder gemeinsam im Team:

- Welche Werte sind für den Einsatz von KI im Unternehmen wichtig?
- Wo darf KI unterstützen und wo sind menschliche Entscheidungen unverzichtbar?
- Wie soll mit Fehlern und Unsicherheiten im Umgang mit KI verfahren werden?

Notiere daraus drei bis fünf konkrete Leitsätze, die im HR-Bereich verankert werden sollen.

Die Technologie ist nur so gut wie die Haltung der Menschen, die sie einsetzen. HR trägt die Verantwortung, dass KI fair, nachvollziehbar und menschlich bleibt. Ein klarer ethischer Rahmen macht uns handlungsfähig und glaubwürdig in einer Zeit, in der Vertrauen wichtiger ist denn je.

7.4 Kultur statt Klick – die Menschen mitnehmen

Digitale Transformation ist ein kultureller Wandel – tiefgreifend, emotional und komplex. Es reicht nicht aus, Tools einzuführen und auf Effizienz zu hoffen. Denn wo Haltung fehlt, verpufft Technologie. Wo Menschen nicht mitgenommen werden, entstehen Frust und Widerstand. Der wahre Hebel liegt nicht in der Software, sondern in der Kultur. Und genau hier kommt HR ins Spiel als Brückenbauerin zwischen Technik und Menschlichkeit.

Technologischer Wandel gelingt nur, wenn er vom Team getragen wird. Das bedeutet: Wir brauchen nicht nur Tools, sondern Vertrauen, Offenheit und echte Beteiligung. Der kulturelle Wandel ist keine Begleiterscheinung, sondern die Basis jeder erfolgreichen Digitalisierung.

Praxisimpuls: In unserem Start-up haben wir die Einführung neuer HR-Tech-Lösungen als bewusstes Change-Projekt aufgesetzt mit Stakeholder-Analyse, Kick-off, Pilotgruppe, Feedbackrunden und klaren Kommunikationsimpulsen. Das hat nicht nur die Akzeptanz gesteigert, sondern die Tools auch langfristig erfolgreicher gemacht.

Übung: Digital Mindset Check
- Was sind typische Reaktionen deines Teams auf technologische Veränderungen?
- Wer sind Early Adopter, wer Skeptiker und wie kannst du beide einbinden?
- Welche Chancen sehen deine Kolleg:innen? Welche Bedenken und Sorgen äußern sie?

Wie könnten die wichtigsten Prinzipien einer digitalen HR-Kultur aussehen?
- **Transparenz statt Black Box:** Entscheidungen auf Basis von KI oder People Analytics brauchen Nachvollziehbarkeit. Mitarbeitende wollen verstehen, was mit ihren Daten geschieht und warum eine Entscheidung getroffen wurde. Kommunikation ist hier der Schlüssel: Erkläre nicht nur das „Was", sondern das „Warum". Zeige Prozesse auf, nicht nur Ergebnisse.
- **Partizipation statt Top-down:** Digitale Veränderungen brauchen Beteiligung. Wer betroffen ist, sollte mitgestalten dürfen. Feedback-Formate, gemeinsame Tool-Tests oder Pilotgruppen sind kein Nice-to-have – sie sind Voraussetzung für Akzeptanz.
- **Lernen statt Perfektion:** Fehlerfreundlichkeit ist der Boden, auf dem Innovation wächst. Eine digitale Kultur lebt von Retrospektiven, offenem Feedback und Experimentierfreude. Erfolgreich ist nicht, wer alles perfekt macht – sondern wer mutig vorangeht, lernt und teilt.
- **Haltung statt Hype:** Neue Technologien entfalten nur dann Kraft, wenn sie sinnvoll eingesetzt werden. Es geht nicht darum, überall KI draufzuschreiben – sondern darum, bewusst zu fragen: Was bleibt menschlich? Was können wir delegieren? Und was wollen wir bewusst nicht automatisieren?
- **Vertrauen statt Kontrolle:** Micromanagement war gestern. Moderne Tools sollen entlasten – nicht überwachen. Wer Vertrauen schenkt, stärkt Verantwortung und Engagement. Wer Kontrolle ausübt, erntet Misstrauen. Kultur entsteht dort, wo Menschen sich sicher fühlen, nicht dort, wo sie ständig beobachtet werden.

Kulturarbeit digital verankern: Digitale Tools können Kultur nicht erzeugen, aber sie können sie sichtbar machen. Und genau das ist der Auftrag für HR: eine Brücke zwischen Haltung und Alltag schlagen.

- Interaktive Whiteboards für Wertearbeit einsetzen (z. B. Miro, Mural).
- Feedbackkultur digital gestalten mit Tools wie Peakon oder Leapsome, um regelmäßig anonymes Feedback einzuholen und zwar nicht als Kontrolle, sondern als Dialogangebot.

- Rituale schaffen, wie zum Beispiel Digitale Coffee Calls, ein „Meet the Leader" Coffee Call pro Monat, bei der ein Mitglied der Führungsebene für 20 min für offene Fragen und informellen Austausch zur Verfügung steht. Das macht Führungskräfte zugänglicher und fördert Transparenz. Hybride Onboardings oder eine virtuelle „Danke-Wand", eine digitale Pinnwand (z. B. auf Miro, Trello oder im Intranet), auf der Kolleg:innen öffentlich Danksagungen und Anerkennungen füreinander posten können.

Kommunikation als Schlüsselkompetenz
Technik scheitert selten an Technik, sondern an fehlender Kommunikation. Menschen brauchen Orientierung. Besonders bei KI-Themen zählt Klarheit.

Best Practice:
- Frühzeitig informieren – nicht erst, wenn alles beschlossen ist.
- Komplexität runterbrechen: Zeige konkret, wie die Veränderung den Alltag verbessert.
- Räume für Dialog schaffen: Offene Q&A-Sessions, digitale Lunch Breaks, anonyme Feedbackmöglichkeiten.

Praxistipps für Führungskräfte:

- Reflektiere regelmäßig im Team: Was läuft gut? Wo hakt es?
- Zeige dich selbst lernbereit, denn das schafft Vertrauen.
- Verwechsle Offenheit nicht mit Schwäche – sie ist deine größte Stärke.

Praxisbeispiel: Der Digital Culture Codex
Einen digitalen Kulturcodex entwickeln. Er kann auf fünf Sätzen basieren, die Haltung konkret machen. Dieser Codex ist dann Teil jeder Einarbeitung, jeder Teamplanung, jedes Feedbacks und wird im Alltag gelebt.

1. Wir nutzen Technologie, um den Menschen zu stärken – nicht zu ersetzen.
2. Wir sprechen offen über Fehler, Fortschritte und Herausforderungen.
3. Wir entscheiden datenbasiert – und behalten den Menschen im Blick.

4. Wir entwickeln uns ständig weiter individuell und als Team.
5. Wir respektieren Grenzen – bei Daten, bei Zeit, bei Belastung.

Dieser Codex ist kein Poster an der Wand – er lebt durch tägliches Tun.

Übung: Kulturreflexion im HR-Team
Nimm dir 90 min Zeit mit deinem HR-Team oder auch interdisziplinär. Diskutiere offen:

- Wie hat sich unsere Kultur durch digitale Tools verändert?
- Wo erleben wir Brüche zwischen Haltung und Tool?
- Wie berücksichtigen wir die digitalen Kulturprinzipien?
- Wie machen wir diese sichtbar im Alltag, in Sprache, in Entscheidungen?

HR als Dirigent:in des digitalen Wandels

Digitalisierung gelingt nicht in Silos. Sie braucht Verbindung zwischen Technik und Kultur, zwischen Menschen und Systemen, zwischen Vision und Alltag. HR hat die Kraft, genau diese Verbindungen zu schaffen.

Unsere Rolle wandelt sich: Vom Verwalter:in zum Architekt:in, vom Prozesshüter:in zum Möglichmacher:in. Wenn wir es schaffen, Technologie und Kultur gemeinsam zu denken, entsteht eine digitale Arbeitswelt, die nicht nur funktioniert, sondern inspiriert.

7.5 Vom Piloten zur Skalierung

Vielleicht kennst du das: Ein neues HR-Tool wird eingeführt, es gibt Schulungen, viel Begeisterung und nach ein paar Wochen kehrt schnell der gewohnte Alltag ein. Das neue Tool wird kaum genutzt, das Feedback verpufft, der Pilot verläuft im Sand. Warum? Weil der nächste Schritt fehlt: die konsequente Skalierung.

Skalierung bedeutet: Aus einzelnen Insellösungen werden tragfähige, organisationale Standards. Aus digitalem Experimentieren entsteht nachhaltige Wirkung.

Um aus einem gelungenen Pilotprojekt einen langfristigen Erfolg zu machen, braucht es:

- Vision und Verankerung: Was soll durch das Tool langfristig erreicht werden?
- Verantwortung und Ownership: Wer übernimmt die Weiterentwicklung?
- Nutzerzentrierung: Wie fließen Feedback und Wünsche der Nutzer:innen ein?
- Governance-Strukturen: Welche Prozesse, Standards und Richtlinien sind nötig?
- Kulturelle Integration: Wie wird das Tool Teil der Arbeitsrealität und nicht ein weiteres Add-on?

Echte Veränderung braucht Systeme, die gute Ideen skalierbar machen, wie

- Wissenstransfer sichern: z. B. durch interne Schulungen, How-to-Videos oder Tandem-Programme.
- Change-Begleitung einplanen: z. B. durch Change Agents oder digitale Patenprogramme.
- Peer-Learning fördern: z. B. über Best-Practice-Austausch, Lunch & Learn-Formate, Retrospektiven.

Übung: Skalierungsreife prüfen
Überprüfung eines HR-Digitalprojektes mit Hilfe dieser Fragen:

1. Ist die Vision klar und wurde sie allen Beteiligten kommuniziert?
2. Gibt es feste Ansprechpartner:innen für Betrieb und Weiterentwicklung?
3. Haben Nutzer:innen aktiv an der Gestaltung mitgewirkt?
4. Sind Schnittstellen zu bestehenden Systemen integriert?
5. Gibt es Key Performance Indicators oder Erfolgskriterien für Wirkung und Nutzen?
6. Gibt es eine Roadmap für Rollout und Wachstum?

Wenn du mehr als drei Fragen mit „Nein" beantwortest, solltest du dir überlegen einen (neuen) Skalierungsplan aufzustellen.

Praxisbeispiel: Skalierung eines digitalen Onboarding-Prozesses
Im Start-up haben wir zunächst für ein Team ein digitales Onboarding mit interaktivem Lernpfad, Buddy-System und Checklisten getestet. Nach der erfolgreichen Pilotphase wurde gemeinsam mit IT, Fachbereichen und HR eine skalierbare Struktur entworfen:

- Einheitlicher Prozess mit Raum für Individualisierung
- Automatisierte Aufgaben via Workflow-Tools (z. B. Personio, Trello)
- Integration in bestehende HR-Systeme
- Feedbackrunden zur kontinuierlichen Optimierung
- Interne Champions zur Begleitung

Das Ergebnis: Verkürzte Time-to-Productivity, höhere Zufriedenheit bei neuen Mitarbeitenden und eine bessere Datenbasis für HR.

Es gibt einige Stolperfallen bei der Skalierung, die es zu vermeiden gilt:

- Zu viel, zu schnell: Skalierung ist kein Sprint.
- Technik ohne Change: Skalierung braucht Change-Management.
- Top-down statt Co-Creation: Einbindung von Nutzer:innen ein, von Anfang an.

Erfolgreiches Change Management nimmt die Ängste und zeigt die Chancen auf (Diehl 2020).

Der Einsatz von KI kann Ängste auslösen: Angst vor Jobverlust. Angst, nicht mehr gebraucht zu werden. Angst, sich in einer Welt aus Algorithmen zu verlieren.

Und genau deshalb braucht dieser Wandel einen sensiblen, kraftvollen Rahmen und Begleitung.

Übung: Meine Change-Kompetenz
- Wie reagiere ich selbst auf Veränderungen?
- Was gibt mir Sicherheit und wie kann ich diese weitergeben?
- Wo kann ich mutig vorangehen, auch ohne alle Antworten zu haben?

Es gibt eine Reihe von Erfolgsfaktoren, die bei einem Change Projekt berücksichtigt werden sollten.

1. **Frühzeitig und offen kommunizieren:**
   Sag deinen Teams klar: „Ja, es wird Veränderungen geben. Ja, wir werden Aufgaben neu denken. Aber nein, niemand wird überflüssig."
   Menschen haben ein Recht darauf, ehrlich informiert zu werden. Wer Veränderung mit ihnen gestaltet, statt über sie hinwegzugehen, gewinnt ihre Loyalität.
2. **Beteiligung ermöglichen:**
   Lass die HR-Teams selbst Pilotprojekte testen. Lass sie Feedback geben. Lass sie mitentscheiden, welche Tools eingeführt werden.
   Wer Teil der Lösung ist, wird nicht zum Opfer des Problems.
3. **Weiterbildung anbieten:**
   Digital Literacy ist kein „Nice to have" sondern Pflicht. Gib deinen Mitarbeitenden Trainings, Workshops, Micro-Learnings – empower sie, in der neuen Welt souverän zu agieren.
   Frage dich: „Welche Skills braucht mein Team morgen? Und was tue ich heute, um sie dafür fit zu machen?"
4. **Kultur der Offenheit und Neugier fördern:**
   Fehler dürfen passieren. Lernprozesse sind normal. Die wichtigste Haltung ist: Experimentieren statt Perfektionieren. Wer mutig ausprobiert, wird die Zukunft prägen.
5. **Emotionale Intelligenz stärken:**
   Gerade weil KI immer mehr Aufgaben übernimmt, wird emotionale Kompetenz zum USP des Menschen. Empathie, Zuhören, Vertrauen schenken – das kann keine Maschine.

---

10 Regeln für den erfolgreichen KI-Einsatz in HR

1. **Starte mit einem klaren Ziel**
   Frage dich: Welches Problem will ich wirklich lösen – und wie hilft mir KI dabei? Definiere einen konkreten Business-Impact!
2. **Denke klein – handle schnell**
   Starte mit einem Pilotprojekt, das überschaubar ist und schnelle Erfolge sichtbar macht.
   Kleine, mutige Schritte ebnen den Weg für große Veränderungen.

3. **Menschen zuerst, Technologie danach**
   KI soll den Menschen dienen, nicht ersetzen. Technologie ist dein Werkzeug, aber Empathie bleibt das Erfolgsgeheimnis.
4. **Transparenz schafft Vertrauen**
   Sage offen, wo, warum und wie KI eingesetzt wird. Keine Blackbox! Zeige klar: Der Mensch bleibt Entscheidungsträger.
5. **Inkludiere dein Team von Anfang an**
   Hole deine Mitarbeitenden ins Boot, erkläre die Vorteile und gib den Ängsten Raum. Change wird zur gemeinsamen Reise und nicht zur verordneten Revolution.
6. **Setze auf Fairness und Ethik**
   Prüfe regelmäßig, ob deine KI-Lösungen diskriminierungsfrei, objektiv und gerecht sind. Die Künstliche Intelligenz braucht menschliche Integrität.
7. **Lerne kontinuierlich dazu**
   Betrachte KI als Lernprozess, nicht als einmalige Installation. Was heute funktioniert, kann morgen besser gehen – bleibe offen und agil.
8. **Sorge für Datenschutz und Sicherheit**
   Schütze die sensiblen HR-Daten deiner Mitarbeitenden kompromisslos. Vertrauen ist die Basis jeder erfolgreichen Digitalisierung.
9. **Miss deinen Erfolg**
   Definiere KPIs und überprüfe regelmäßig, ob die KI wirklich den gewünschten Mehrwert bringt. Was du nicht messen kannst, kannst du nicht verbessern.
10. **Feiere Erfolge und teile sie**
    Zeige deinem Team die positiven Veränderungen und würdige den gemeinsamen Fortschritt. Erfolge sichtbar machen stärkt das Commitment und gibt Energie für die nächsten Schritte.

Key Takeaways

Die digitale Transformation ist in vollem Gange – und mit ihr verändert sich auch die Rolle von HR fundamental. Doch wer glaubt, dass es reicht, ein paar KI-Tools einzuführen und damit „fit für die Zukunft" zu sein, irrt gewaltig. Denn echte Veränderung beginnt nicht mit Technologie – sie beginnt mit Haltung.

1. **Werte vor Wandel** – Bevor wir über Tools, Algorithmen oder Automatisierung sprechen, müssen wir uns fragen: Wofür stehen wir eigentlich? KI ohne Haltung bleibt ein technisches Spielzeug – effizient, aber seelenlos. Nur wenn wir unsere Werte bewusst in die Gestaltung einbringen – wie Fairness, Respekt, Teilhabe wird KI zum echten Hebel für eine bessere Arbeitswelt.

2. **Empathie bleibt unersetzlich** – So beeindruckend KI-gestützte Analysen auch sein mögen: Zuhören, zwischen den Zeilen lesen, Vertrauen aufbauen – das kann (noch) keine Maschine. In einer Arbeitswelt, die immer komplexer und schneller wird, bleibt menschliche Nähe ein entscheidender Erfolgsfaktor.
3. **Vom Pilot zur Praxis** – Viele Unternehmen testen KI im Kleinen und bleiben genau dort stecken. Doch gute Ideen brauchen mehr als Testläufe. Sie brauchen Mut zur Umsetzung. Erst wenn wir ins echte Doing kommen, entsteht messbarer Mehrwert. Also: Pilot starten, Erfahrungen sammeln, reflektieren und dann skalieren.
4. **Change ist Chefsache** – Transformation gelingt nicht nebenbei. Sie braucht Vorbilder, klare Kommunikation und vor allem Führung, die Verantwortung übernimmt. Wenn die Unternehmensspitze sich wegduckt, bleibt jede noch so smarte Strategie bloße Theorie. Veränderung beginnt ganz oben und wirkt dann nach unten.
5. **Kompetenz-Update jetzt** – Die Anforderungen an HR verändern sich rasant. Datenkompetenz, Kommunikationsstärke und ein solides KI-Verständnis gehören heute zur Grundausstattung. Wer morgen noch mitreden will, sollte heute bereit sein zu lernen. Weiterbildung ist kein „Nice-to-have" mehr, sondern eine Überlebensstrategie.
6. **Raus aus der HR-Blase** – Zukunft wird nicht im Elfenbeinturm gestaltet. HR geht in den Dialog mit IT, Marketing, Forschung, Operations. Interdisziplinäres Denken und echte Kollaboration sind der Schlüssel, um tragfähige, ganzheitliche Lösungen zu entwickeln. Die besten Ideen entstehen nicht im Silo – sondern im Austausch.
7. **Ethik zuerst** – KI kann nur so fair und diskriminierungsfrei sein wie die Menschen, die sie programmieren und einsetzen. Deshalb gilt: Transparenz, Nachvollziehbarkeit und ethische Leitplanken sind Pflicht – keine Kür. Wir tragen Verantwortung dafür, wie Technologie wirkt – und auf wen.
8. **Feedback nonstop** – Digitalisierung ist kein Ziel, sondern ein Prozess. Und dieser Prozess lebt vom Lernen. Was wirkt, darf bleiben. Was nicht funktioniert, sollte angepasst werden. Nur kontinuierliches Feedback, Reflexion und Nachjustierung schaffen echten Mehrwert.
9. **Kultur ist das Betriebssystem** – Ohne eine Kultur des Vertrauens, der Offenheit und des Muts bleibt jeder Wandel an der Oberfläche. Erst wenn Menschen sich sicher fühlen, Neues zu denken und Fehler zu machen, entsteht Innovation. HR ist hier mehr als Begleiter:in – sie ist Kulturträger:in.
10. **HR als Zukunftsarchitekt:in** – KI wird HR nicht ersetzen, aber sie wird HR verändern. Die große Chance liegt darin, sich aktiv einzubringen und die Arbeitswelt von morgen mitzugestalten. Denn HR hat das Potenzial, zur Architekt:in einer humanen, digitalen Zukunft zu werden, wenn der Mut da ist, diese Rolle anzunehmen.

Literatur

Diehl A (2020) House of Change – Die vier Zimmer der Veränderung. https://digitaleneuordnung.de/blog/house-of-change. Zugegriffen am 17.05.2025

Ethikbeirat HR Tech (2021) Richtlinien für den verantwortungsvollen Einsatz von Künstlicher Intelligenz und weiteren digitalen Technologien in der Personalarbeit. https://www.ethikbeirat-hrtech.de/. Zugegriffen am 18.05.2025

Haufe (2025) Chatbot-Umfrage – HR-Chatbots als digitale Helfer unterschätzt. https://www.haufe.de/hr/studien?akttyp=direkt&med=https%3A%2F%2Fs1516083671.t.eloqua.com%2F&aktnr=84834&wnr=04393689. Zugegriffen am 17.05.2025

Kienbaum & Bundesverband der Personalmanager*innen (BPM) (2024) Studie Künstliche Intelligenz und ihre Auswirkung auf die Personalfunktion. https://www.kienbaum.com/publikationen/kuenstliche-intelligenz-personalfunktion/?etcc_med=SEA&etcc_par=Google&etcc_cmp=GA_SGF4_Studien_Conv&etcc_grp=170699473343&etcc_bky=ki%20in%20der%20personalabteilung&etcc_mty=p&etcc_plc=&etcc_ctv=725105678134&etcc_bde=c&etcc_var=Cj0KCQjwiqbBBhCAARIsAJSfZkYIbspHnHbdOruvftz5LFfeE0H-Wiy0a4LDLzK59pMVQVprmp_Ie5gaAhAIEALw_wcB&gad_source=1&gad_campaignid=21578994144&gbraid=0AAAAADwxjB0WUjiyyEA8oxaMVw6n7qkC1&gclid=Cj0KCQjwiqbBBhCAARIsAJSfZkYIbspHnHbdOruvftz5LFfeE0H-Wiy0a4LDLzK59pMVQVprmp_Ie5gaAhAIEALw_wcB. Zugegriffen am 18.05.2025

Mearian L (2025) Bewerber betrügen zunehmend mit KI. https://www.computerwoche.de/article/3967101/bewerber-betrugen-zunehmend-mit-ki.html. Zugegriffen am 19.05.2025

8

Die Zukunft beginnt jetzt
Die Schlüsselrolle von HR in einer sich schnell verändernden (Biotech)-Welt

„Menschen in Bewegung – HR als Brücke zwischen Innovation und Erfolg".

Zusammenfassung In diesem Kapitel werden die zukünftigen Herausforderungen und Trends für HR in Biotech-Start-ups untersucht. Der Fokus liegt auf der Rolle von HR als strategischem Partner, der nicht nur die organisatorischen Herausforderungen meistert, sondern auch aktiv den Wandel gestaltet. Zentral sind technologische Innovationen wie KI und Automatisierung, die das Tempo der Branche bestimmen, sowie die Anforderungen neuer Arbeitswelten, die durch Remote Work und hybride Modelle geprägt sind. Die Suche nach Talenten wird intensiver, während Fachkräftemangel und sich verändernde Kompetenzen HR vor neue Aufgaben stellen. Zusätzlich wird die Bedeutung von New Leadership und einer Kultur des Wohlbefindens und der Resilienz als Wettbewerbsfaktoren hervorgehoben. Dieses Resümee bietet praxisorientierte Impulse für HR-Verantwortliche, die in einem dynamischen Umfeld den Erfolg und die Zukunftsfähigkeit ihrer Start-ups sichern möchten.

HR ist längst mehr als Recruiting, Payroll und Feel-Good-Management. In einer Branche wie der Biotechnologie, die von bahnbrechenden Innovationen, globalem Wettbewerb und rasantem Wachstum geprägt ist, steht HR heute mitten im Geschehen und genau da gehört es auch hin. Denn dort, wo sich Technologien, Geschäftsmodelle und Unternehmenskulturen oftmals im Wochenrhythmus verändern, braucht es Menschen, die connecten zwischen Forschung und Führungsetage, zwischen Strategie und Sinn, zwischen Ambition und Alltag.

Es passiert jetzt schon, aber die kommenden Jahre werden HR auf eine neue Ebene heben oder ins Abseits stellen, wenn wir als Personaler:innen nicht mitgehen. Es geht nicht mehr nur darum, auf Veränderungen zu reagieren.

Es geht darum, sie mitzugestalten. Als Impulsgeber:in. Als Möglichmacher:in. Als Kulturarchitekt:in.

In diesem Kapitel geht es um das, was wirklich auf uns zukommt: Trends, die unsere Rolle verändern. Herausforderungen, die Mut und Haltung verlangen. Und Chancen, die wir nur nutzen können, wenn wir bereit sind, HR neu zu denken – strategisch, empathisch, zukunftsorientiert.

8.1 Warum wir über die Zukunft sprechen sollten

Biotechnologie-Start-ups stehen sinnbildlich für Innovation, Mut und die Hoffnung auf eine bessere Zukunft, sei es durch neue Therapien, nachhaltige Produktionsmethoden oder technologische Durchbrüche.

Doch gerade in einem Umfeld, das von wissenschaftlichem Fortschritt, rasantem Wachstum und Unsicherheiten geprägt ist, braucht es nicht nur den genialen Forschergeist, sondern auch ein solides Fundament in der Organisationsentwicklung. HR ist dabei zentral.

Deshalb lohnt es sich, einen kritischen und zukunftsorientierten Blick darauf zu werfen, welche Veränderungen auf HR zukommen und wie ihnen heute begegnet werden kann.

Als HR-Verantwortliche in einem Biotech-Start-up erlebe ich täglich die Spannung zwischen disruptiver Forschung und organisationaler Stabilität. Einerseits drängen wissenschaftliche Erkenntnisse in atemberaubendem Tempo in Richtung Marktreife. Andererseits ringen Teams mit unklaren Rollen, hoher Fluktuation, begrenzten Ressourcen und einem massiven Wettbewerbsdruck um Talente.

Diese Gleichzeitigkeit von Fortschritt und Fragilität ist charakteristisch für Start-ups im Biotech-Sektor und sie macht eine vorausschauende, resiliente und menschenzentrierte HR-Arbeit zur Voraussetzung für den langfristigen Unternehmenserfolg.

Die Welt verändert sich schneller als je zuvor. Technologische, gesellschaftliche und ökologische Umbrüche vollziehen sich nicht linear, sondern exponentiell.

Biotech-Unternehmen befinden sich im Epizentrum dieser Transformation. Sie sind nicht nur Anwender, sondern auch Treiber von Innovationen und stehen gleichzeitig unter dem Druck, sich selbst permanent neu zu erfinden.

Hinzu kommt: Die Herausforderungen von morgen lassen sich nicht mit den Strukturen von gestern lösen. Klassische Führungsmodelle, hierarchische Organisationen und starre Arbeitsweisen stoßen im Start-up-Kontext – und besonders im Biotech-Segment – zunehmend an ihre Grenzen. Die Suche nach Purpose, die Erwartungen neuer Generationen an Sinn, Flexibilität und Mitgestaltung sowie der Ruf nach Nachhaltigkeit und Diversität verändern das Fundament auf dem Unternehmen gebaut sind.

HR wird damit zum Zukunftsgestalter:in. Nicht als ausführende Kraft, sondern als strategischer Partner:in auf Augenhöhe mit Gründungsteams, Wissenschaftlern, Investoren und Führungskräften. HR ist die Schnittstelle zwischen Vision und Umsetzung, zwischen Laborbank und Boardroom. Wer hier vorausschauend agiert, kann nicht nur die Wettbewerbsfähigkeit sichern, sondern auch Kultur, Vertrauen und Innovationskraft nachhaltig verankern.

8.2 Zukunftstreiber – Megatrends

Die Biotechnologiebranche steht vor einer Vielzahl von Herausforderungen und Chancen, die nicht nur technologischer, sondern auch gesellschaftlicher und wirtschaftlicher Natur sind. Start-ups, die in diesem Bereich tätig sind, müssen sich nicht nur mit den wissenschaftlichen Hürden der Forschung und Entwicklung auseinandersetzen, sondern auch mit den megatrend-basierten Veränderungen, die den globalen Markt prägen.

In diesem Kapitel werfen wir einen Blick auf die wichtigsten Zukunftstreiber, die sowohl die Biotechnologie Branche als auch die HR-Arbeit der nächsten Jahre bestimmen werden.

1. Megatrends im globalen Kontext

> Ein **Megatrend** ist ein langfristiger, globaler Wandel, der tiefgreifende Auswirkungen auf Gesellschaft, Wirtschaft und Technologie hat. Beispiele Digitalisierung, Urbanisierung und Klimawandel. Megatrends beeinflussen Entwicklungen über Jahrzehnte hinweg und formen die Zukunft in entscheidendem Maße (Wikipedia 2025).

Diese Trends beeinflussen Biotech-Start-ups in besonderem Maße und haben einen direkten Einfluss auf die Unternehmensstrategie und somit auf die HR-Strategie.

Die bedeutendsten Megatrends, die die nächsten Jahre prägen werden (Berger 2023), umfassen:

a) **Demografische Veränderungen und Alterung der Gesellschaft**
Der demografische Wandel stellt Biotech-Start-ups vor eine doppelte Herausforderung: Einerseits steigt die Nachfrage nach medizinischen Innovationen und personalisierten Therapien, um den älteren Bevölkerungsgruppen gerecht zu werden. Andererseits führt der Mangel an Fachkräften in den Naturwissenschaften und der Medizin zu einem stärkeren Wettbewerb um talentierte Mitarbeitende (Statistisches Bundesamt 2025).

b) **Nachhaltigkeit und der Druck zur grünen Transformation**
Nachhaltigkeit ist nicht nur ein gesellschaftlicher Wunsch, sondern auch eine wirtschaftliche Notwendigkeit. Biotech-Unternehmen sind in diesem Zusammenhang in einer Schlüsselposition, da sie Lösungen für eine grüne Transformation bieten können, sei es in der Medizin, der Landwirtschaft oder der Energiegewinnung (Fraunhofer IGB 2025). Ökologische Verantwortung sollte systematisch in die Personalpolitik eines Unternehmens integriert werden und auf „grüne" Kompetenzen und eine Unternehmenskultur setzen, die Nachhaltigkeit fördert (Thill 2025).

c) **Digitalisierung und Vernetzung**
Die fortschreitende Digitalisierung revolutioniert sämtliche Geschäftsbereiche und gerade für Biotech-Start-ups eröffnet sie enorme Chancen. Von der Forschung über die Produktion bis hin zum Datenmanagement, digitale Technologien ermöglichen effizientere Prozesse, schnellere Innovationen und eine präzisere Datenanalyse. Doch um dieses Potenzial voll auszuschöpfen, ist es entscheidend, dass die Mitarbeitenden über die notwendigen digitalen Kompetenzen verfügen und dass diese Aspekte in der HR-Strategie fest verankert sind.

2. Technologische Entwicklung und ihre Auswirkungen
Die Technologie treibt nicht nur die Innovationen in der Biotech-Branche voran, sondern verändert auch die Art und Weise, wie Unternehmen arbeiten, kommunizieren und ihr Personal führen.

- **Künstliche Intelligenz (KI) und Automatisierung**
KI und Automatisierung revolutionieren die Forschung und Produktion in der Biotechnologie (Feala 2022). Von der Datenauswertung bis hin zur Entdeckung neuer Medikamente – KI-gestützte Technologien können den Prozess beschleunigen und die Effizienz steigern. HR-Abteilungen müssen hier neue Arbeitsplätze und Fähigkeiten schaffen, die die Zusammenarbeit zwischen Mensch und Maschine ermöglichen. Dies erfordert auch eine Anpassung der Schulungs- und Weiterbildungsprogramme, um Mitarbeiter für die Arbeit in einem KI-unterstützten Umfeld zu qualifizieren (Schlichte 2022).

- **Personalisierte Medizin und Genomforschung**
  Die rasante Entwicklung in der personalisierten Medizin und der Genomik eröffnet bahnbrechende Möglichkeiten für die Behandlung von Krankheiten. Biotech-Start-ups stehen dabei an vorderster Front, indem sie innovative Therapien entwickeln, die auf die genetischen Profile einzelner Patienten zugeschnitten sind. Um in diesem dynamischen Umfeld erfolgreich zu sein, müssen diese Unternehmen nicht nur technologisch führend sein, sondern auch über ein hoch qualifiziertes und anpassungsfähiges Team verfügen, das mit den neuesten Technologien vertraut ist.

  Ein gutes Beispiel ist das Hamburger Biopharma-Unternehmen Indivumed, das eine umfassende Gewebeproben-Datenbank zur Bekämpfung von Krebs aufgebaut hat (Preuß 2022). Mithilfe genetischer Analysen und einer KI-gestützten Plattform entwickelt Indivumed personalisierte Krebstherapien. Diese Arbeit erfordert ein Team mit Expertise in Bioinformatik, Genetik und Molekularbiologie, um die komplexen Daten zu analysieren und innovative Behandlungsmethoden zu entwickeln.

  Um diese Talente zu gewinnen und zu entwickeln, sollten innovative HR-Strategien umgesetzt sein. Angesichts begrenzter Ressourcen ist es wichtig, eine attraktive Arbeitsplatzkultur zu schaffen, die flexible Arbeitszeiten, Remote-Arbeitsmöglichkeiten und andere Vorteile bietet, um hoch qualifizierte Fachkräfte anzuziehen und zu halten.

  Darüber hinaus spielt die kontinuierliche Weiterbildung eine entscheidende Rolle. Das Deutsche Netzwerk für Bioinformatik-Infrastruktur (de.NBI) bietet ein breites Spektrum an Schulungsprogrammen und Ressourcen, um die digitalen Kompetenzen der Mitarbeitenden zu stärken und sie auf dem neuesten Stand der Technik zu halten.

  Insgesamt ist es für Biotech-Start-ups unerlässlich, ein Personalmanagement zu entwickeln, die sowohl die Gewinnung als auch die kontinuierliche Entwicklung von Talenten in den Bereichen Bioinformatik, Genetik und Molekularbiologie fördert. Nur so können die Herausforderungen der personalisierten Medizin gemeistert und innovative Therapien erfolgreich auf den Markt gebracht werden.

- **Blockchain-Technologie**
Im Bereich der Biotechnologie könnte Blockchain-Technologie insbesondere in den Bereichen Datensicherheit und Nachverfolgbarkeit von Arzneimittelherstellung und -distribution eine Schlüsselrolle spielen. Blockchain-Technologie ermöglicht eine dezentrale und fälschungssichere Speicherung von Daten, was besonders in der pharmazeutischen Lieferkette von Vorteil ist. Die lückenlose Dokumentation jedes Schrittes in der Herstellung und Distribution von Medikamenten ermöglicht es, die Echtheit und Herkunft eines Produkts jederzeit zu überprüfen. Das reduziert das Risiko von Fälschungen und erhöht die Transparenz für alle Beteiligten.

Um die Vorteile der Blockchain-Technologie voll ausschöpfen zu können, ist es wichtig, dass Mitarbeitende über die entsprechenden Kenntnisse und Fähigkeiten verfügen. HR kann hier gezielte Schulungs- und Weiterbildungsprogramme implementieren, die sich auf die Anwendung von Blockchain in der Biotechnologie konzentrieren.
Ein Beispiel: Programme wie die Zertifizierung zum „Certified Blockchain & HR Professional" bieten umfassende Einblicke in die Schnittstellen zwischen Blockchain-Technologie und HR-Praktiken. Solche Zertifizierungen können HR-Profis dabei unterstützen, die Implementierung von Blockchain-Lösungen in ihren Organisationen effektiv zu gestalten.

3. Globale Märkte und regulatorische Veränderungen
Die Biotechnologiebranche ist stark von den globalen Märkten und regulatorischen Rahmenbedingungen abhängig. Unternehmen müssen sich kontinuierlich auf neue Vorschriften und geopolitische Veränderungen einstellen.

- **Verschärfte Regulierungen und Compliance-Anforderungen**
Die zunehmende Regulierung im Bereich der Biotechnologie durch Behörden wie die US-amerikanische Food and Drug Administration (FDA) und die Europäische Arzneimittel-Agentur (EMA) stellt Unternehmen vor komplexe Herausforderungen. Gleichzeitig bieten diese Regulierungen Chancen: Unternehmen, die frühzeitig und konsequent Compliance-Vorgaben erfüllen, können sich Wett-

bewerbsvorteile sichern, etwa durch beschleunigte Zulassungsverfahren und gesteigertes Vertrauen bei Investoren und Partnern.

Ein effektives Compliance-Management ist daher unerlässlich. Dies umfasst die Implementierung von Qualitätskontrollsystemen, die Sicherstellung der Datenintegrität und die Einhaltung von Vorschriften während des gesamten Produktlebenszyklus. Die FDA bietet beispielsweise Schulungsprogramme an, die Unternehmen dabei unterstützen, regulatorische Anforderungen zu verstehen und umzusetzen. Ebenso stellt die EMA Leitlinien bereit, die Unternehmen helfen, ihre Produkte gemäß den europäischen Standards zu entwickeln und zu vermarkten.

Die Personalabteilung spielt eine entscheidende Rolle bei der Förderung von Compliance. Sie unterstützt bei der Sicherstellung, dass alle Mitarbeitenden über die notwendigen rechtlichen und regulatorischen Kenntnisse verfügen. Dies kann durch gezielte Schulungs- und Weiterbildungsprogramme erreicht werden, die auf die spezifischen Anforderungen des Unternehmens zugeschnitten sind. Ein effektives Compliance-Management trägt nicht nur zur Risikominimierung bei, sondern stärkt auch das Vertrauen von Partnern, Investoren und Kunden.

- **Globalisierung und ihre Auswirkungen auf HR in der Biotechnologie**
  Globalisierung ist längst kein abstraktes Schlagwort mehr – sie ist Realität. Märkte vernetzen sich in rasantem Tempo, Talente arbeiten über Kontinente hinweg zusammen, Innovationen verbreiten sich global in Echtzeit. Für ein Biotech-Start-up bedeutet das: Chancen und Herausforderungen zugleich.

  Die Biotechnologiebranche erlebt ein rapides Wachstum, angetrieben durch Fortschritte in Bereichen wie personalisierter Medizin, synthetischer Biologie und Biomanufacturing.

  Im Jahr 2024 wurde der globale Biotech-Markt auf über 1,55 Billionen US-Dollar geschätzt, mit einer prognostizierten jährlichen Wachstumsrate von 13,96 % bis 2030. Dieses Wachstum führt zu einer erhöhten Nachfrage nach spezialisierten Fachkräften, wodurch der Wettbewerb um Talente intensiver wird (HR Recruit 2025).

Die Frage ist nicht ob, sondern wie wir als HR diesen Wandel aktiv mitgestalten. Und die Antwort beginnt mit einer klaren, mutigen Strategie.

1. **Globale Denkweise verankern – ohne die Wurzeln zu verlieren**
Internationale Märkte fordern ein offenes, diverses Mindset. HR bildet die Brücke zwischen lokaler Unternehmenskultur und globaler Anschlussfähigkeit.
Was braucht es dafür? Sprachkompetenz, kulturelle Sensibilität und Strukturen, die Vielfalt nicht nur zulassen, sondern gezielt fördern. Es geht nicht um „One fits all", sondern um „One connects all".
2. **Internationale Talente gewinnen – und halten**
Top-Talente denken global. Wer als Arbeitgeber attraktiv sein will, muss über Grenzen hinweg denken – mit smartem Recruiting, internationaler Employer Brand und Visa-Ready-Prozessen. Aber: Anwerben allein reicht nicht, es braucht diverse Massnahmen.

    a. Internationale Rekrutierungsnetzwerke nutzen: Der Aufbau und die Pflege von Netzwerken mit internationalen Personalberatungen können den Zugang zu globalen Talenten erleichtern.
    b. Kulturelle Sensibilisierung fördern: Schulungen und Workshops zum interkulturellen Verständnis können helfen, kulturelle Barrieren abzubauen und ein inklusives Arbeitsumfeld zu schaffen.
    c. Flexibilität und Agilität betonen: In einer globalisierten Arbeitswelt ist es wichtig, dass Mitarbeitende flexibel und anpassungsfähig sind, um sich schnell auf Veränderungen einzustellen.
    d. Technologische Tools einsetzen: Der Einsatz von digitalen Plattformen kann die Zusammenarbeit über verschiedene Zeitzonen und Kulturen hinweg erleichtern.

    Talente bleiben, wenn sie sich gesehen, eingebunden und weiterentwickelt fühlen. HR wird zum Möglichmacher für Integration, Weiterbildung und eine Kultur des Willkommenseins.
3. **Globale Zusammenarbeit stärken – mit klarer Kommunikation**
Remote Work, internationale Projektteams, Zeitverschiebung, digitale Tools – wer hier nicht souverän navigiert, verliert an Wirksamkeit. HR sollte die Rahmenbedingungen schaffen für eine produktive,

respektvolle Zusammenarbeit. Das heißt, transparente Meetingregeln, gemeinsame Werte etablieren, Kommunikationskompetenz aufbauen. Und ganz ehrlich – auch ein bisschen Geduld und Humor.
4. **Regulatorische Vielfalt meistern – mit Know-how und Haltung**
Globale Expansion bringt unterschiedliche arbeitsrechtliche, datenschutzbezogene und ethische Anforderungen mit sich. HR wird zum Navigator durch einen Dschungel aus Regelwerken. Aber nicht nur mit Paragrafenwissen, sondern mit der Haltung, überall für Fairness, Transparenz und Integrität einzustehen.
5. **Resilienz fördern – denn Wandel ist der neue Normalzustand**
Globalisierung bedeutet ständige Veränderung. HR braucht den Mut, flexibel zu bleiben, ohne das eigene Team und die anderen Teams zu verlieren. Das gelingt, wenn Vertrauen, psychologische Sicherheit und eine starke Feedbackkultur im Unternehmen verankert sind. Wer Menschen befähigt, sich in Veränderungen sicher zu fühlen, schafft Zukunftsfitness.

In diesem Kontext müssen HR-Abteilungen nicht nur internationale Rekrutierungsstrategien entwickeln, sondern auch eine Unternehmenskultur schaffen, die kulturelle Vielfalt wertschätzt und fördert.

8.3 Transformation braucht Menschlichkeit: HR als Impulsgeber

Transformation beginnt nicht mit Technologie. Sie beginnt mit Menschen. Und genau hier kommt HR ins Spiel und zwar nicht als Verwalter:in, sondern als aktive Mitgestalter:in, als Impulsgeber:in und als Brückenbauer:in zwischen Strategie und Kultur, zwischen Technik und Menschlichkeit.

Die Anforderungen an Führung, Zusammenarbeit und Unternehmenskultur verändern sich stark. HR steht dabei nicht mehr nur für Personalverwaltung, sondern für aktiven Wandel: für die Entwicklung zukunftsfähiger Leadership-Konzepte, für resiliente Organisationen, für starke Arbeitgebermarken und für die Verankerung von Sinn, Gesundheit und Menschlichkeit in der Arbeitswelt.

Traditionelle Strukturen werden mehr und mehr hinterfragt, der technologische Wandel schreitet rasant voran und neue Erwartungen an Arbeitsmodelle entstehen. Gleichzeitig wächst der Druck, keine voreiligen Schritte zu unternehmen.

Deloitte stellt in der neuesten Studie (2025) fest, dass in vielen Organisationen eine zunehmende Unsicherheit herrscht, wenn es um zentrale Weichenstellungen geht.

Die Studie zeigt auf, dass Unternehmen sich in drei essenziellen Handlungsfeldern positionieren sollten (Deloitte 2025):

- Wie organisieren die Unternehmen Arbeit so, dass sie effizient und zukunftsfähig bleibt?
- Wie können Unternehmen Talente gewinnen, entwickeln und langfristig binden?
- Haben Unternehmen die richtige Unternehmenskultur und Struktur, um nachhaltige Leistung zu ermöglichen?

In Zeiten wachsender Unsicherheiten und disruptiver Veränderungen ist es unsere Aufgabe im HR, Organisationen nicht nur resilient, sondern auch menschenzentriert zukunftsfähig zu machen.

Was es dazu braucht?

Eine neue Haltung. Ein neues Selbstverständnis. Und vor allem: den Mut, Leadership, Kultur und Menschlichkeit ganz oben auf die strategische Agenda zu setzen.

Leadership neu denken – weg vom Titel, hin zur Haltung

Führung in Start-ups ist keine Frage der Hierarchie, sondern der Haltung. HR sollte heute dabei unterstützen, eine neue Generation von Führungskräften zu entwickeln, die nicht als Kontrollinstanzen, sondern als Coaches, Ermöglicher:innen und Kulturträger:innen agieren.

In der Studie Human Capital Trends 2025 (Deloitte) wird gezeigt, dass Manager auch im Zeitalter von KI entscheidend bleiben, gerade wenn es darum geht, Teams durch Wandel zu führen, Entwicklung zu begleiten und psychologische Sicherheit zu schaffen.

Das bedeutet für HR: Führung neu definieren und zwar nicht als Machtinstrument, sondern als Schlüssel zur kollektiven Performance.

Und dafür braucht es gezielte Entwicklung aller Beteiligten, klare Erwartungen und das Schaffen von Raum für echte menschliche Begegnungen.

Kultur als Erfolgsfaktor
Kultur war nie wichtiger als heute. In einer Welt, die sich ständig verändert, ist sie unser Kompass, unsere Energiequelle und unser Bindeglied, vor allem in Start-ups, wo Strukturen oft erst entstehen und Dynamik zum Alltag gehört.

Kultur ist kein „weiches Thema". Kultur ist Business. Kultur entscheidet, ob Menschen bleiben oder gehen, ob Ideen wachsen oder versanden, ob Teams performen oder stagnieren.

HR gestaltet heute nicht mehr nur Policies, sondern prägt den emotionalen Herzschlag des Unternehmens. Wie gehen wir mit Fehlern um? Wie feiern wir Erfolge? Wie viel Raum geben wir Diversität, Kreativität, Slack-Zeiten, also gezielter Leerlauf für neue Ideen?

Der Report betont: Organisationen müssen Arbeit neu denken. Weg vom „busy being busy".

Hin zu echter Wertschöpfung und zwar für Menschen und fürs Business.

HR hat hier die Aufgabe, nicht nur Werte auf Folien zu schreiben, sondern sie im Alltag erlebbar zu machen, wie zum Beispiel durch klare Rituale, ehrliches Feedback und das aktive Vorleben von Haltung.

Menschlichkeit ermöglichen
Was lange als „nice to have" galt, ist heute ein klarer Wettbewerbsvorteil: Menschlichkeit.

Der Deloitte-Report fordert HR auf, nicht nur auf Effizienz und KPI-Denken zu setzen, sondern die menschliche Leistung ganzheitlich zu fördern. Das bedeutet: Wohlbefinden ernst nehmen: emotional, mental, sozial, körperlich und finanziell. Nicht nur Fitnessprogramme anbieten, sondern echte Fürsorge zeigen, individuell und transparent gestaltet.

Denn: Wer sich gesehen fühlt, wer wachsen darf, wer sich sicher fühlt – der leistet mehr, denkt weiter und bleibt länger. Und das ist nicht nur schön, das ist betriebswirtschaftlich sinnvoll.

Die aktuellen Trends zeigen: Wer menschliche Leistung stärken will, muss psychologische Sicherheit, Entwicklungschancen, Wohlbefinden und gesellschaftlichen Impact mitdenken.

HR wird so zum Enabler für echte Human Performance durch individuelle Förderung („Unit of One"), datenbasierte Entscheidungen, ungeplante, freie Zeit (Slack-Zeiten) für Kreativität und die aktive Gestaltung sinnvoller Arbeit.

Daten, KI & Verantwortung – ein Dreiklang für die Zukunft
Natürlich brauchen wir auch Technologie. Natürlich brauchen wir Daten. Aber nicht blind. Der Report sagt klar: Die Daten, die wir sammeln, müssen sinnvoll sein und zum Menschen passen.

Wir brauchen einen Perspektivwechsel, weg vom klassischen Performance-Management hin zur ganzheitlichen Betrachtung von Menschen, Kompetenzen und Kontext. Statt reine Leistungsmetriken sollten wir Fähigkeiten, Interessen, Entwicklungsmöglichkeiten, Potenziale und Motivationen erfassen auf individueller Ebene („Unit of One"), verantwortungsvoll, transparent, freiwillig.

Und genau hier liegt die neue Superpower als HR: Wir können mit Technologie den Menschen stärken, nicht ersetzen. Wenn wir es richtig machen, wird KI zum Co-Piloten unserer Arbeit, aber nie zum Piloten.

Voraussetzung hierfür ist, dass der Unternehmensleitung klar sein sollte, dass wer im Wettbewerb um die besten Talente bestehen, wer Innovation fördern und Wandel ermöglichen will, braucht ein transformatives, strategisches HR-Team.

Moderne HR gehört ins Leadership-Team. Sie gestaltet Organisationsentwicklung, Innovationsprozesse und Wachstum aktiv mit. Dabei wird HR zunehmend als Katalysator für Transformation, Nachhaltigkeit und kulturellen Wandel betrachtet.

Strategische HR bedeutet auch datenbasiert arbeiten. People Analytics hilft, fundierte Entscheidungen zu treffen, wie z. B. bei Fluktuation, Recruiting, Engagement oder Diversity.

Leadership-Entwicklung: Führung neu denken
Führung wird nicht mehr an Position oder Hierarchie festgemacht, sondern an Haltung, Kommunikation und der Fähigkeit, Menschen zu

stärken. Gerade im Biotech-Start-up-Umfeld sind flache Hierarchien, Agilität und interdisziplinäre Teams bereits Alltag.

Von Command & Control zu Empowerment
Die Rolle der Führungskraft wandelt sich vom Anweiser zum Coach, vom Entscheider zum Enabler. Diese Entwicklung erfordert eine neue Führungskultur, geprägt von Vertrauen, Transparenz und Lernbereitschaft. Wer gute Führung erlebt, ist deutlich entspannter, sowohl am Arbeitsplatz als auch privat (Gallup 2022).

Zukunftsorientierte Führung verlangt emotionale Intelligenz, Ambiguitätstoleranz und die Fähigkeit zur Selbstführung. HR sollte hier gezielte Leadership-Programme etablieren, die klassische Management-Trainings mit Persönlichkeitsentwicklung, Feedbackkultur und Resilienzförderung verbinden.

Kulturwandel und Wertearbeit
Technologische Veränderungen sind nur so erfolgreich, wie die Menschen im Unternehmen bereit sind, sie zu gestalten. Deshalb ist die Transformation der Unternehmenskultur zentral.

Unter Unternehmenskultur wird die Grundgesamtheit gemeinsamer Werte, Normen und Einstellungen, welche die Entscheidungen, die Handlungen und das Verhalten der Organisationsmitglieder (seinen Mitarbeitenden, Kunden und Stakeholdern) prägen, verstanden (Lies 2018). Eine starke Unternehmenskultur wirkt sich positiv auf das Engagement der Mitarbeitenden, die Mitarbeiterbindung, die Produktivität und die Gesamtleistung des Unternehmens aus. Die Führung im Unternehmen spielt eine entscheidende Rolle bei der Gestaltung der Unternehmenskultur. Sie beginnt von oben nach unten und gibt den Ton für die gesamte Organisation an.

HR spielt hier eine Schlüsselrolle als Wertevermittler:in und Raumöffner:in.

Es braucht psychologische Sicherheit als Basis für Innovation.

Start-ups brauchen kreative Teams. Dafür müssen Menschen sich trauen, Fehler zu machen, neue Ideen einzubringen, kritische Fragen zu stellen. Das Konzept der „Psychological Safety", entwickelt von Amy Edmondson ist der wichtigste Prädiktor für High-Performance-Teams. HR kann diese Kultur fördern, wie z. B. durch Führungskräfte-Trainings, Feedbackroutinen und das gezielte Aufbrechen von Machtstrukturen.

Die Werte werden tatsächlich gelebt und nicht nur gepredigt.
Gerade junge Generationen erwarten von Arbeitgebern gelebte Werte und nicht nur Plakate im Treppenhaus. Kulturarbeit sollte also partizipativ, sichtbar und konsistent sein. HR-Instrumente wie „Cultural Sprints", Werte-Workshops oder interdisziplinäre Culture Boards können helfen, Wertealltag zu schaffen.

Mental Health, emotionale Stabilität und Work-Life-Balance werden zunehmend zum Wettbewerbsfaktor.

In unserer Welt, in der Tempo, Wandel und Komplexität zur Normalität geworden sind, wird mentale Gesundheit zur zentralen Ressource für Mitarbeitende genauso wie für Unternehmen. Und genau hier beginnt echte Wertearbeit: nicht mit wohlklingenden Vision-Statements, sondern bei der ehrlichen Frage „Wie geht es dir – wirklich?"

Unternehmen wie SAP oder Roche machen es vor: Sie investieren gezielt in Wellbeing-Programme, in Achtsamkeit, psychologische Sicherheit, digitale Therapieangebote und Mental Health Days. Nicht, weil es gerade „im Trend" liegt, sondern weil sie verstanden haben: Nur wer innerlich stabil ist, kann innovativ, lösungsorientiert und langfristig leistungsfähig bleiben.

Und genau das ist die entscheidende Erkenntnis: Gesundheit ist ein Kulturthema. Wenn wir von Kulturwandel sprechen, dann geht es nicht nur um neue Führungsstile oder Agilität – es geht auch darum, wie wir mit Belastung umgehen, mit Emotionen, mit Grenzen. Es geht um das Recht auf Pause, um psychologische Sicherheit im Team, um Räume für Regeneration und Reflexion (WHO 2022).

Das bedeutet Arbeit und es bedeutet sich mit unbequemen Themen auseinanderzusetzen, mit Angst, mit Überforderung, mit der eigenen Verletzlichkeit. Aber genau hier liegt das größte Potenzial für Transformation. Denn Kulturwandel beginnt dort, wo Menschen sich sicher genug fühlen, sie selbst zu sein.

Was wäre, wenn wir Gesundheit nicht als Privatsache, sondern als Führungsaufgabe begreifen? Was wäre, wenn die Unternehmen nicht nur fragen, was jemand leistet, sondern auch, was jemand braucht, um das langfristig tun zu können.

Dann kann etwas Neues entstehen, eine Kultur der Achtsamkeit, der Fürsorge, der menschlichen Verbindung. Eine Kultur, in der Leistung und Lebensqualität kein Widerspruch mehr sind.

8.4 Was jetzt zu tun ist – Strategische Empfehlungen

Die Zukunft ist nicht planbar, aber gestaltbar. Die vorangegangenen Kapitel haben gezeigt: Start-ups – insbesondere in der Biotechnologie – stehen vor gewaltigen Umbrüchen. Technologischer Wandel, Fachkräftemangel, neue Anforderungen an Führung und Kultur fordern uns als HR-Professionals auf allen Ebenen.

Jetzt geht es darum, konkrete Handlungsfelder zu benennen und wirksame Schritte in Richtung Zukunftsfähigkeit einzuleiten.

In diesem Kapitel fasse ich zusammen, was HR jetzt konkret tun kann als strategischer Gestalter:in des Wandels, als Sparringspartner:in von Führung und als Ermöglicher:in einer resilienten, menschenzentrierten Arbeitswelt.

1. Zukunft aktiv mitgestalten: HR braucht eine Vision

„HR needs a seat at the table" – das hören wir seit Jahren. Heute reicht das nicht mehr. HR muss nicht nur am Tisch sitzen, sondern das Menü mitgestalten.

Das heißt:

- Die eigene HR-Strategie konsequent an Unternehmenszielen und Zukunftsthemen ausrichten.
- Nicht nur reagieren, sondern vordenken.
- Themen wie Kultur, Wellbeing, Führung und Digitalisierung systematisch priorisieren.

Best Practice: Beim Biotech-Start-up CureVac wurde die HR-Abteilung frühzeitig in die digitale Transformation einbezogen.

Ergebnis: Ein agiles, rollierendes HR-Strategieboard, das mit crossfunktionalen Teams konkrete Veränderungsprojekte steuert, z. B. zu New Work, Female Leadership und Talent Analytics.
Empfehlung:

- Nutze ein strategisches HR-Canvas zur Visualisierung deiner Handlungsfelder.
- Entwickle eine „HR Vision 2030" für dein Start-up gemeinsam mit Führungskräften und Mitarbeitenden.

2. Führung neu aufstellen: Vom Manager zum Enabler
Die Führungskultur ist der Schlüssel zur Zukunftsfähigkeit. Studien zeigen: 70 % aller Transformationsprojekte erzielen nicht das gewünschte Ergebnis (McKinsey 2019). Start-ups brauchen Führungskräfte, die nicht managen, sondern inspirieren, coachen und Räume schaffen.
Wichtige Tools & Hebel:

- Leadership-Development-Programme, die Selbstreflexion, emotionale Intelligenz und systemisches Denken fördern (z. B. das „Leadership Circle Profile" nach Anderson & Adams).
- Peer-Coaching-Circles unter Führungskräften.
- Feedbacksysteme, die Führung sichtbar machen (z. B. 360° Feedback + Shadowing durch HR).

Praxisimpuls: Ein „Lead by Impact"-Programm, das neue Führungskräfte über sechs Monate begleitet mit Coaching, Leadership Labs und Fokus auf Wirkung statt Macht. Das Programm zeigt messbaren Effekt auf Engagement und Fluktuation.

3. Kultur- und Wertearbeit verstärken: Räume für Wandel schaffen
Kulturwandel ist kein Projekt, sondern ein Dauerauftrag. In Zeiten von Unsicherheit, Digitalisierung und Remote-Arbeit ist die gemeinsame Kultur der Kitt, der Teams zusammenhält. Doch diese Kultur entsteht nicht von selbst.

Konkrete Handlungsfelder:

- Wertearbeit: Entwickle (oder überarbeite) gemeinsam mit Teams ein lebendiges Werte-Set. Nutze dazu Formate wie Culture-Sprints oder Working Out Loud.
- Ritualgestaltung: Definiere bewusst digitale und analoge Rituale für Zusammenhalt, z. B. Digital Donuts, Fehler feiern, Culture Days.
- Psychologische Sicherheit fördern: Schulungen für Führungskräfte und Teams zu Vertrauen, Fehlerkultur und aktiver Einbindung.

Tool-Tipp: Um ein Design für eine neue Unternehmenskultur zu entwickeln, kann die Culture Map (Osterwalder et al. 2022) genutzt werden, die dabei hilft, die gelebte versus gewünschte Kultur sichtbar zu machen. Und zwar indem diese drei strategischen Fragen gestellt werden: Wie sieht das Ergebnis aus? Welches Verhalten brauchen wir? Wie fördern wir es und wie beseitigen wir Blockaden?

4. Wellbeing & Resilienz professionalisieren: Gesundheit als Strategie

Das Thema mentale Gesundheit ist kein HR-Nebenprojekt mehr, sondern ein Erfolgsfaktor für Performance, Bindung und Innovation.

Start-ups sollten hier gezielt investieren, um Überlastung und Burnout entgegenzuwirken.

Empfohlene Maßnahmen:

- Etabliere eine „Mental Health Policy": Klar definierte Angebote, Ansprechpartner, Awareness-Kampagnen.
- Führe Resilienztrainings ein, wie z. B. mit internen Coaches oder Partnern wie OpenUp, Likeminded oder HelloBetter.
- Baue regelmäßige Reflexionsräume in den Arbeitsalltag ein – z. B. mit wöchentlichen Check-ins zu Stimmung & Energielevel („Team Barometer").

5. Zukunftskompetenzen stärken: Upskilling & Learning Journeys

Technologischer Wandel, neue Tools, neue Prozesse – dafür brauchen Menschen kontinuierlich neue Kompetenzen. HR sollte Lernräume schaffen, die individuell, flexibel und sinnstiftend sind.

Tools und Formate:

- Microlearning & Learning Nudges (z. B. über edyoucated, Masterplan, 7Mind).
- Lernpfade zu Future Skills (z. B. Agilität, KI-Verständnis, systemisches Denken).
- Lernreisen („Learning Journeys") mit Peer-Feedback, Anwendungsphasen und Reflexion.

Zukunftsstrategie: Eine eigene „Learning Culture Canvas" entwickeln mit einem Zielbild, den Rahmenbedingungen und konkreten Lernzielen für das Start-up.

6. HR digitalisieren: Zeit schaffen für das Wesentliche
Wenn HR ein strategischer Partner sein will, braucht es Kapazitäten und die entstehen nur, wenn Prozesse automatisiert und digitalisiert werden. Empfehlungen:

- Nutze eine HRIS-Lösung, die Skalierbarkeit und User-Freundlichkeit verbindet (z. B. Personio, flair, Factorial).
- Automatisiere administrative Aufgaben wie Onboarding, Zeiterfassung, Vertragsprozesse.
- Setze auf Self-Services, digitale Mitarbeiterakten und Chatbots für Standardanfragen.

7. Employer Branding & Recruiting neu denken
Fachkräfte sind heute nicht nur rar, sie sind wählerisch. Gutes Employer Branding zeigt Haltung, Sinn und Persönlichkeit.

In einer Welt, in der Talente wählen können, braucht es mehr als ein gutes Gehalt. Purpose, das „Warum" eines Unternehmens ist die neue Währung im Wettbewerb um Köpfe und Herzen.

Unternehmen mit einem klaren, glaubwürdigen Sinn (Purpose) sind laut Harvard Business Review (2021) wirtschaftlich erfolgreicher, innovativer und haben loyalere Mitarbeitende.

Biotech-Start-ups haben hier einen klaren Vorteil: Sie arbeiten direkt am Fortschritt für Gesundheit und Leben – ein starker Purpose, den HR sichtbar machen sollte, unter anderem im Employer Branding.

Employer Branding darf heute tiefgründiger sein als Hochglanzvideos. HR sollte eine Geschichte erzählen, die zur Kultur passt über Mitarbeitende, Projekte, Werte. Social Media, Employee Advocacy und authentisches Storytelling sind dabei zentrale Instrumente.

Konkrete Schritte:

- Entwickle eine klare Arbeitgeberpositionierung (Employee Value Proposition) mit Fokus auf Sinn, Teamgeist und Entwicklungschancen.
- Nutze Mitarbeitende als Markenbotschafter:innen, wie z. B. mit authentischen Stories auf LinkedIn oder in Videoformaten.
- Baue Talent Communities auf über Events, Newsletter oder Alumni-Netzwerke.

8. HR als persönliche Haltung leben

Zu guter Letzt: Transformation beginnt und hört nicht auf mit Tools, sondern mit der eigenen Haltung.

Als HR-Verantwortliche bin ich selbst Teil des Wandels. Ich bin nicht die, die „People managt", sondern die, die Menschen dabei unterstützt, in Bewegung zu bleiben mit Klarheit, Empathie und ihnen einen sicheren Rahmen gibt.

Dazu gehört:

- Reflexion über die eigene Rolle: Wie will ich HR leben? Was ist meine Vision?
- Mut zur Positionierung: Ich bringe mich strategisch ein, auch wenn's unbequem wird.
- Kontinuierliches Lernen: Ich bleibe offen – für neue Denkweisen, Tools, Perspektiven.

Wer heute HR gestaltet, darf mehr sein als Verwalter:in. Wir sind Kulturentwickler:innen, Führungsexpert:innen, Change-Coaches, Sinnstifter:innen.

Key Takeaways

1. **HR wird zum strategischen Mitgestalter:in:**
   Nicht nur Prozesse verwalten, sondern Wandel aktiv führen – das ist die neue Rolle von HR.
2. **Technologische Innovationen fordern Neudenken:**
   KI, Automatisierung und digitale Tools verändern Aufgabenprofile und Prozesse – HR muss vorne mitspielen, nicht hinterherlaufen.
3. **Hybride Arbeitsmodelle brauchen neue Strukturen:**
   Führung, Kommunikation und Teamkultur müssen ortsunabhängig funktionieren – Vertrauen wird zur Kernwährung.
4. **Talent wird zum Engpass – und zur Schatzsuche:**
   Der Kampf um Köpfe erfordert kreative Recruiting-Strategien, neue Skill-Profile und gezielte Talentbindung.
5. **New Leadership ist kein Trend, sondern Voraussetzung:**
   Führung heißt heute: empowern, coachen, zuhören – nicht kontrollieren.
6. **Wellbeing und Resilienz werden zu Erfolgsfaktoren:**
   Wer eine starke Kultur des Wohlbefindens schafft, gewinnt Engagement, Innovationskraft und Loyalität.
7. **Kompetenzen verändern sich rasant:**
   Lebenslanges Lernen, digitale Souveränität und interdisziplinäres Denken sind die neuen Must-haves.
8. **Kultur schlägt Strategie – gerade im Start-up:**
   Eine lebendige, wertebasierte Kultur ist kein Bonus, sondern die Grundlage für nachhaltigen Erfolg.
9. **HR sollte vordenken, nicht nur reagieren:**
   Frühzeitig Trends erkennen, Experimentierräume schaffen, Zukunft gestalten – das ist das neue Mindset.
10. **HR braucht Zukunftskompetenzen:** Digitale Fitness, strategisches Denken, ethisches Bewusstsein und Change-Expertise.
11. **Biotech ist dynamisch – HR auch:**
    Agilität, Innovationsbereitschaft und Mut zur Veränderung machen den Unterschied im Wettbewerb.

Literatur

Berger R (2023) Trend Compendium 2050: six megatrends will shape the next decades. https://www.rolandberger.com/de/Insights/Global-Topics/Trend-Compendium/. Zugegriffen am 26.06.2025

Deloitte (2025) Human Capital Trends 2025. „Turning tensions into triumphs: helping leaders transform uncertainty into opportunity". https://www.deloitte.com/de/de/services/consulting/research/human-capital-trends-deutschland.html?id=de:2ps:3gl:4_con__human-capital-trends-2025:5:6c on:20250414::kr&gad_source=1&gad_campaignid=22441849436&gbrai d=0AAAAAD-dxRIG6msQO5E0A68sm1HZ_zeyT&gclid=CjwKCAjwi-DBBhA5EiwAXOHsGZ_M0gnDXSz8DbxC8ObUcqL9Keu4gT9f0S8QZ 8piA-l3F3knG1_-axoCRV8QAvD_BwE. Zugegriffen am 29.05.2025

Feala J (2022) The digital biotech startup playbook. https://medium.com/%40jfeala/the-digital-biotech-startup-playbook-398aeafca8a4. Zugegriffen am 29.05.2025

Fraunhofer-Institut für Grenzflächen- und Bioverfahrenstechnik IGB (2025) Biologische Transformation. https://www.igb.fraunhofer.de/de/leitthemen/biologische-transformation.html. Zugegriffen am 29.05.2025

Gabler Wirtschaftslexikon. Prof. Dr. Jan Lies.Unternehmenskultur. Ausführliche Definition im Online-Lexikon (2018). https://wirtschaftslexikon.gabler.de/definition/unternehmenskultur-49642/version-272870. Revision von Unternehmenskultur vom 14.02.2018 – 17:31. Zugegriffen am 01.05.2025

Gallup. State of the Global Workplace Bericht (2022). https://www.prnewswire.com/de/pressemitteilungen/gallup-state-of-the-global-workplace-bericht-2022-808819582.html. Zugegriffen am 29.05.2025

Harvard Business Review. Hubert Joly (2021) Creating a Meaningful Corporate Purpose. https://hbr.org/2021/10/creating-a-meaningful-corporate-purpose. Zugegriffen am 01.06.2025

HR Recruit (2025) The future of talent in biotechnology: challenges HR leaders must prepare for. https://www.linkedin.com/pulse/future-talent-biotechnology-challenges-hr-leaders-must-prepare-qf68e/. Zugegriffen am 29.05.2025

McKinsey.Transformation. Wie der Wandel Wirklichkeit wird. Onno Boer, Raphael Buck, Patrick Guggenberger und Patrick Simon (2019). https://www.mckinsey.com/~/media/mckinsey/locations/europe%20and%20middle%20east/deutschland/branchen/konsumguter%20handel/akzente/ausgaben%20 2019/akzente_3_19_58_transformation.pdf. Zugegriffen am 01.06.2025

Osterwalder A, Himowicz N, Dunn T, Ridge G (2022) Building an innovation culture. https://www.strategyzer.com/library/building-an-innovation-culture. Zugegriffen am 29.05.2025

Schlichte S (2022) Diese Kompetenzen benötigen Ihre Mitarbeitenden in der digitalen Zukunft! https://www.hr-heute.com/magazin/interview-digitalisierung-toepfer?utm_source=chatgpt.com. Zugegriffen am 29.05.2025

Statistisches Bundesamt (Destatis) (2025) Fachkräfte. https://www.destatis.de/DE/Im-Fokus/Fachkraefte/_inhalt.html#:~:text=Der%20demografische%20Wandel%20ist%20eine,Gesundheitswesen%20st%C3%A4rker%20betroffen%20als%20andere. Zugegriffen am 29.05.2025

Thill K (2025) Grüne Aussichten fürs HR – ESG-Kriterien im Personalmanagement. https://www.hrweb.at/2023/09/gruene-aussichten-fuers-hr-esg-kriterien-im-personalmanagement/. Zugegriffen am 29.05.2025

Welt Olaf Preuß (2022) Diese Kombination könnte den Kampf gegen den Krebs voranbringen. https://www.welt.de/regionales/hamburg/article236307635/Krebs-Therapie-Diese-Kombination-koennte-den-Kampf-voranbringen.html. Zugegriffen am 29.05.2025

WHO & ILO (2022) Mental health at work: policy brief. https://www.who.int/publications/i/item/9789240057944. Zugegriffen am 01.06.2025

Wikipedia Definition Megatrend (2025). https://de.wikipedia.org/wiki/Megatrend. Zugegriffen am 19.06.2025

GPSR Compliance

The European Union's (EU) General Product Safety Regulation (GPSR) is a set of rules that requires consumer products to be safe and our obligations to ensure this.

If you have any concerns about our products, you can contact us on ProductSafety@springernature.com

In case Publisher is established outside the EU, the EU authorized representative is:

Springer Nature Customer Service Center GmbH
Europaplatz 3
69115 Heidelberg, Germany

Batch number: 09243921

Printed by Printforce, the Netherlands